Écrire
de la fiction
au Québec

Données de catalogage avant publication (Canada)

Audet, Noël, 1938-

Écrire de la fiction au Québec

Comprend des références bibliographiques.

ISBN 2-89037-499-8

1. Roman – Art d'écrire. 2. Écrivains canadiens-français – Québec
(Province). 3. Littérature et société – Québec (Province).

PN1445.A84 1990   808.3'09714   C90-096310-7

Dépôt légal
3e trimestre 1990
Bibliothèque nationale du Québec
Bibliothèque nationale du Canada

Montage
Régis Normandeau

Écrire de la fiction au Québec

NOËL AUDET

essai

ÉDITIONS QUÉBEC/AMÉRIQUE

425, rue Saint-Jean-Baptiste, Montréal, Québec H2Y 2Z7 (514) 393-1450

DU MÊME AUTEUR

Figures parallèles, Éditions de l'Arc, 1963 (épuisé).

La Tête barbare, Éditions du Jour, 1968 (épuisé).

Quand la voile faseille, Éditions HMH, coll. l'Arbre, 1980, Éditions Fides, coll. La Nouvelle Bibliothèque québécoise, 1990.

Ah l'amour l'amour, Éditions Quinze, 1981, Éditions Stanké, coll. 10/10, 1987.

La Parade, Éditions Québec/Amérique, 1984.

L'Ombre de l'épervier, Éditions Québec/Amérique, 1988.

À ma fille, Careilla,
pour répondre partiellement
à ses interrogations littéraires,

et à Vincent Bonin,
ce peintre qui avait dix ans.

Table des matières

Ne fît-on que des épingles...
il faut être enthousiaste de son
métier
pour y exceller.

Diderot

Écrire de la fiction au Québec n'est pas une sinécure. Les éditeurs acceptent facilement les œuvres, trop facilement certes, sans toujours donner aux jeunes auteurs la chance de se reprendre à la suite de conseils judicieux; les critiques qui paraissent dans nos quotidiens sont en général assez justes et nuancées, elles rendent compte honnêtement d'une première lecture, d'un premier contact de l'œuvre avec le public lecteur; les librairies sont nombreuses et ne cachent pas vraiment la littérature québécoise quand elle a quelque mérite; notre public est aussi fervent lecteur que celui de n'importe où, toutes proportions démographiques gardées; nos écrivains sont aussi prolifiques que ceux d'ailleurs.

Alors pourquoi ce livre, demanderez-vous?

Quand, encore peu formé, je me suis frotté à l'écriture, j'ai désespérément cherché autour de moi sinon un guide personnel du moins un livre utile qui m'aiderait à aller plus vite – on a si peu de temps à perdre, on aimerait gagner dix ans sur la période d'apprentissage! – un livre qui m'aurait permis de résoudre en douceur quelques épineux problèmes. Je n'ai rien trouvé que des recettes stylistiques et j'ai dû garder mes questions pendant vingt ans, tâchant d'y répondre moi-même à la pièce.

Écrire dans ce pays ne va pas de soi, en effet, parce qu'on y rencontre des problèmes spécifiques que ne connaissent pas la plupart des grandes cultures, en plus des problèmes courants liés au métier d'écrivain. Ce petit livre traite donc surtout de questions préalables à l'écriture et auxquelles chaque écrivain doit trouver une réponse, sans doute personnelle, avant de s'emparer d'une plume ou d'un ordinateur, parce que de cette réponse dépend la nature même de l'écriture qui viendra ensuite.

Il existe maintenant des guides pratiques qu'il ne m'a pas paru utile de refaire, mais ces guides sont pourtant muets sur des questions aussi fondamentales que celle de la langue utilisée dans l'écriture de fiction, celle de l'inspiration, celle du rapport au public, celle du contenu des œuvres, celle des enjeux collectifs de l'écriture littéraire.

On est habitué au Québec de penser qu'en ce qui concerne les conditions d'écriture, tout se passe ici comme ailleurs. Dans une véritable crise aiguë de modernité universelle, on agit comme si les pratiques des écrivains étaient conformes à celles des autres cultures. On a pourtant tort à l'évidence.

Que l'on réfléchisse un instant, par exemple, à la question de la langue et l'on s'apercevra qu'il y a là des embûches qui peuvent, si elles ne sont pas surmontées d'une façon ou d'une autre grâce à une réflexion pertinente, fausser le sens d'une œuvre ou l'empêcher d'atteindre son public, ou l'empêcher carrément de s'écrire. Cela équivaut purement et simplement à se faire hara-kiri avant d'avoir commencé à publier. Il me semble que quelque chose a manqué dramatiquement dans notre histoire, non pas dans la production des auteurs eux-mêmes, qui relevaient le défi de manière circonstancielle, mais dans la réflexion qui aurait dû accompagner leurs productions, les éclairer et éclairer les autres qui prenaient la relève. Le Québec me fait parfois penser à un capitaine de bateau qui s'imagine qu'il a raté les ports d'Amérique cependant qu'il est solidement amarré à la côte américaine. Il m'arrive en conséquence de nourrir une légère agressivité coupable envers ces intellectuels qui n'ont pas fait leur travail, quand je découvre avec consternation que des pays comme le Brésil, par exemple, ont depuis longtemps tenu ces débats sur la langue littéraire et qu'ils ont apporté des réponses qui nous semblent aujourd'hui aller de soi. Tandis qu'au Québec il y a toujours un grammairien stérile qui se prétend auteur et se fait fort de nous taper sur les doigts au moindre écart linguistique ou bien, à l'autre extrême, il y a la grande débâcle qui veut nous entraîner hors des lois et des pratiques de la communication, essayant de nous faire croire que l'on peut écrire n'importe comment, à la limite hors de la langue, comme des enfants gâtés criant «Mômin, marde, criss» et croyant par ces termes avoir désigné la totalité des intérêts qui secouent le monde. Où étaient-ils passés, les cerveaux friands de littérature? Où se cachaient-ils, dans quel débat chimérique, les intellectuels qui réfléchissaient au phénomène littéraire depuis bientôt un siècle? Ils ont passé leur temps à nous dire qu'il fallait ou non aimer la France, alors que la question n'était visiblement pas là. La question, c'est de savoir quelle langue nous écrivons quand nous sommes citoyens du Québec et que nous voulons donner la parole à nos concitoyens. C'est pourtant clair, il s'agissait d'établir enfin une norme linguistique intelligible pour tous les francophones du monde et parlant correctement de notre société et de notre pays.

Que la littérature québécoise soit en général peu lue ne constituerait pas un problème non plus? Et pourquoi souffre-t-elle d'un préjugé défavorable au départ? L'écrivain québécois se demande légitimement pour qui il écrit et pourquoi il écrit. J'essaie de comprendre ce qui, dans la tradition littéraire québécoise, nous a conduits dans ce cul-de-sac. Car il est vrai que la littérature québécoise rejoint mal son public, mais la faute peut difficilement en être imputée au public lui-même; ne devrait-on pas alors se tourner plutôt du côté de l'institution? Bien sûr, les réponses que j'apporte ici ne sont qu'une manière de voir; je sais toutefois que le jour où l'on aura donné des réponses justes à l'ensemble de ces questions, la littérature québécoise se retrouvera sur le même pied que le reste de la littérature mondiale. Non seulement elle n'aura plus à rougir, comme le dit Gaston Miron, de se retrouver sur la place publique, elle ne s'en étonnera même plus.

Depuis vingt ans que j'enseigne, j'ai vu passer des modes, des mouvements théoriques si l'on peut dire, tous aussi limités les uns que les autres mais ayant tous la prétention de dévoiler enfin le *nec plus ultra* de la chose littéraire. C'est ainsi que par réaction à l'ancienne histoire littéraire qui faisait une trop grande part aux auteurs, on s'est retrouvé avec des œuvres sans auteurs, petits paquets de caractères ficelés par un imprimeur et qui trouvaient en eux-mêmes toutes leurs justifications. Puis on a eu ensuite des œuvres, toujours sans auteur, qui étaient le reflet direct de la société, créateur suprême. Les notions d'auteur, d'inspiration, de talent, de génie, de chef-d'œuvre, quelle pitié n'est-ce pas? se disait-on. Mais pendant que les littéraires bannissaient ces termes et une partie du langage métaphorique, on les retrouvait sous la plume des journalistes, dans des expressions comme «chef-d'œuvre de précision», «joueur inspiré», «génie de la tactique», pour célébrer la science et le sport. Inquiétante migration ou signe des temps qui pousse les littéraires à se prendre pour des scientifiques, et les savants à se prendre pour des poètes! À côté de cela, la psychanalyse se débattait sur son divan pour nous dire que nos livres y étaient, sur le divan, et que nous y faisions des aveux inconscients, des aveux à nous faire pendre par la langue… Puis les grilles sémiotiques se mirent à taillader les textes pour y souligner au trait rouge, à l'aide d'un appareil inutilement encombré, ce qui était déjà transparent aux yeux de tout lecteur attentif.

Pour celui ou celle qui écrit, les choses sont tellement plus simples! Il connaît, lui, la part personnelle qu'il y a mise; il connaît surtout ce qui lui est donné par sa famille, par son milieu, par sa culture, par son inconscient, du moins en partie, mais on lui demande si peu souvent son avis. Il connaît enfin la part de travail qu'il doit consentir, la part de construction, la part de magie qui relève de l'art et du talent artistique. Oui, l'écriture est un art, comme la peinture, même si les théories modernes n'en font plus état.

D'autre part les choses sont également si compliquées dans cet univers fuyant, instable, incertain. Comment répondre «Je suis là» aux sollicitations de l'écriture quand on ne sait pas qui l'on est, dans quelle langue on s'écrit, à qui l'on parle?

Voici donc quelques amorces de réponses. Elles sont quelquefois bien documentées, selon les règles de l'art universitaire, mais la plupart du temps librement traitées parce qu'elles sont régies par une passion ou sont le fruit d'une certaine expérience de l'écriture. Cela constitue un essai «à bâtons rompus» dont les sujets sont divers et dont le style même varie au gré des destinataires et selon l'usage qui devait en être fait: les chapitres intitulés «Histoire et fiction» et «De l'autonomie en littérature» ont été conçus en vue d'une communication et, avec «L'enjeu culturel», ils revêtent les couleurs de la bienfaisante polémique – un droit strict d'aller à l'encontre des idées reçues –, alors que «Une détente productive, l'inspiration», «L'incubation» et «Naissance d'un thème...» ont été publiés en partie sous forme d'articles légèrement plus sages[1]. Ces sujets ont toutefois un dénomina-

---

1. «Semer dans le sillon de la nuit», dans *Actes du colloque sur les ateliers de création*, UQTR, Revue des Écrits des Forges, novembre 1988, p. 31-40 et «La variante en regard de la structure générale du texte: sur deux nouvelles d'André Major», en collaboration avec André Carpentier, dans *Le Manuscrit sous l'angle génétique*, Rimouski, Éditions Urgences, 1989, p. 67-75.

teur commun, ils concernent tous la manière ou la
matière de l'acte d'écrire, et les enjeux de l'écriture
en ce pays, le seul qui nous ressemble.

Le point de vue de l'écrivain a peu de chance d'y
rencontrer celui du professeur, puisque ces deux
fonctions n'obéissent pas à la même logique, ni ne
répondent aux mêmes besoins, ni ne puisent aux
mêmes ressources de l'être humain. Ce que mobilise
également en moi l'écriture de fiction n'a pas grand-
chose à voir avec ma formation d'universitaire, sauf
dans les exercices de réécriture. Il est simplement
honnête de le dire. Enfin s'il y a des noyaux d'idées
qui reviennent sous différents aspects, c'est sans
doute parce qu'ils m'apparaissaient essentiels ou
parce qu'ils sont tombés dans la machine à produire
de l'obsession... ce dont on me tiendra moins
rigueur.

Je destine ce petit livre aux étudiants qui se
posent encore des questions, aux écrivains en herbe
et à tous ceux et celles que passionnent les mystères
de l'écriture littéraire. Puissent-ils gagner un peu de
temps en se remettant ensuite au travail, sans devoir
attendre d'en être à la troisième œuvre ou à la moitié
de leur vie pour que ces questions irrésolues leur
sautent d'elles-mêmes à la figure !

Écrire de la fiction...

Les langues de l'écrivain

Avez-vous déjà songé que dans l'écriture de fiction, contrairement à ce qui se passe pour les autres arts, la langue, la langue française en ce qui nous concerne, constitue à la fois le matériau avec lequel on travaille, le contenu à structurer, l'outil de perception, d'organisation et de production du texte? Alors que le peintre a souvent à l'esprit une image qu'il projette dans des formes et des couleurs, l'écrivain, lui, part de la langue, parmi d'autres matériaux comme les valeurs, les discours sociaux, le vécu, qui de toute manière sont véhiculés par la langue, pour en arriver à un objet entièrement constitué de langage. Ce n'est pas sans conséquences.

Cela signifie en premier lieu qu'un texte littéraire résulte d'une organisation spécifique du langage. Autrement dit, il y a un travail sur la langue, avec de la langue. Quand Valéry définissait la poésie comme «un langage dans un langage», il voulait dire sans doute que la poésie s'éloignait de la prose dans la mesure où elle prenait son matériau linguistique pour son propre objet, qu'elle était en quelque sorte du langage au second degré.

Je dirais pour ma part que toute littérature est langage *des* langages, c'est-à-dire qu'elle est une organisation du dit et du dicible, une mise en forme originale des langages, l'idée d'art impliquant en effet un dépassement du matériau, ou si l'on veut la création d'une écriture suffisamment puissante pour intégrer les langages sociaux, régionaux ou spécialisés, et les faire résonner dans un ensemble qui prend un nouveau sens. Chaque élément y occupe une place et une fonction qui n'ont de signification qu'en regard du tout, comme les couleurs et les formes dans le tableau.

Une autre conséquence découle de ces principes. Sans maîtrise de la langue, on n'écrit pas plus que le peintre ne peint sans connaître à fond les couleurs. Comment en effet décrire l'élément spécifique de tel phénomène, nommer la différence minime dans les traits ou l'attitude d'un personnage, si l'on ne possède pas le mot précis qui, seul, désigne cette différence? Comment dire d'une robe qu'elle est mauve, si l'on ne connaît pas le mot «mauve»? Essayons. On dira qu'elle est rose... non; qu'elle est bleue? Non; qu'elle est azur-quand-le-soleil-se-couche? Non; qu'elle est violette? Presque, et pourtant, non!

Allons plus loin: il n'y a pas de nuances dans la vie si elles ne sont d'abord dans la langue, si elles ne sont d'abord saisies par la langue. Prétendre que l'on conçoit des idées dans une sorte de schème abstrait pour ensuite leur ajouter des couleurs et du mouvement au moyen des mots est une conception erronée du processus de la pensée. Car on ne voit qu'avec les yeux de la langue, ce qui est hors d'elle échappe à notre esprit et annule notre capacité de nommer ces prétendues choses innommables, ces sentiments indescriptibles parce qu'ils sont trop vagues, ces états d'âme monstrueusement compliqués parce qu'ils sont mal perçus. Les linguistes ont démontré, et la démonstration ne semble pas à refaire, que ceux qui parlent telle ou telle langue découpent le spectre des couleurs différemment et ne voient en conséquence que les couleurs que leur langue peut nommer[1]. Il reste bien sûr possible, hors de la langue, de ressentir des émotions, des sensations, de la douleur par exemple, mais si l'écrivain est incapable d'en rendre la qualité particulière dans des mots, c'est tout comme si ces réalités n'existaient pas pour lui.

C'est dire à quel point la vision du monde se trouve colorée par la langue en ce qui concerne l'univers plus subtil des émotions et des sentiments. L'amour par exemple, en dehors du désir purement physique, est tout entier contenu dans la langue et déterminé par elle, de même que par les modèles familiaux ou culturels (Roméo et Juliette, Don Juan, etc.) qui sont aussi des œuvres de langage. Il n'y a pas d'amoureux sans cette compétence linguistique particulière.

Les sceptiques voudront nier ce phénomène parce qu'ils prétendent avoir de beaux sentiments qu'ils cherchent ensuite seulement à nommer, mais s'ils analysaient un peu leur coup de foudre, ils comprendraient vite que les mots ont précédé la

---

1. L. Hyelmslev, *Prolégomènes à une théorie du langage*, Paris, Éditions de Minuit, 1971.

chose, qu'ils se sont d'abord dit amoureux avant de
le devenir, ou à tout le moins que les deux phénomènes sont simultanés. Pour un peu j'irais jusqu'à
affirmer que la qualité du sentiment dans la vie,
comme celle de l'observation en science, est directement proportionnelle au raffinement ou à la pertinence du vocabulaire. Le savant qui n'aurait pas une
idée du «positron» ne saurait pas où chercher et ne
trouverait rien; en littérature, qui est de part en part
œuvre de langage, l'écrivain ne trouve aussi que ce
qu'il cherchait, c'est-à-dire ce qu'il possédait déjà
dans la langue.

Apprendre la langue

On me dira que si la perception du réel dépend de la
maîtrise de la langue, on se trouve alors dans un
cercle vicieux, qu'il n'y a pas moyen d'agrandir le
champ de son expérience ni celui de la langue (qui
est un héritage). La remarque est en partie juste : sans
apport extérieur, la langue limite l'expérience qui
limite la langue, c'est-à-dire qu'on est confiné au déjà
dit, déjà vu, déjà nommé, déjà vécu.
    Mais c'est heureusement moins simple! À partir
des mots déjà là, se forment des approximations
descriptives, des tensions vers un nouveau sens, et il
existe en outre des créations lexicales ou syntaxiques.
Sinon les langues naturelles seraient figées, ce qui
n'est tout de même pas le cas.
    Il s'établit donc entre la langue et l'expérience
individuelle ou collective un va-et-vient permanent
qui accroît la conscience que l'on a de l'une et la
capacité d'appréhension de l'autre. Il s'agit ici d'un

jeu dialectique au sens strict du terme, la langue étant déjà habitée d'intentions et d'expériences, l'expérience concrète du monde étant déjà également munie d'outils linguistiques.

Pour celui qui fait profession d'écrire, ou qui rêve d'écrire, il y aurait deux voies maîtresses pour l'acquisition de la langue, soit l'observation de la vie, à la condition que l'on ait des instruments d'observation adéquats... et la lecture des œuvres des autres, cela surtout. Les écrivains l'ont toujours comprise et pratiquée, cette voie royale pour apprendre à écrire.

Lire donc, lecture sauvage ou savante, lecture distraite ou passionnée, lecture boulimique. C'est la seule école nécessaire, parfois suffisante, puisqu'une grande œuvre littéraire contient à la fois ses langues, sa forme, ses structures, son expérience du monde, et qu'elle les livre dans un ensemble organique comme ne sait pas le faire la vie quotidienne. Lire des centaines d'œuvres, pour apprendre à écrire et, pourquoi pas, à vivre.

On a souvent tendance au Québec à recommencer le monde, sans tenir compte de l'histoire du monde, à cause d'une conception fausse de la création, qui confine à l'opération magique. Je n'en veux prendre pour exemple que les gargouillements que l'on faisait produire, un temps, aux élèves de l'école secondaire, dite polyvalente, et que l'on nommait abusivement roman, avant même de leur avoir fait lire un seul roman ou de leur avoir enseigné ce que cela pouvait bien être. Ils refont le monde, je le concède, mais avec six siècles de retard: c'est difficile à rattraper en une seule génération, fût-on de la génération spontanée.

Non, il convient d'abord d'aller à l'école des autres, d'être à l'écoute des autres pour apprendre sa langue et son métier. D'autant plus qu'au Québec nous ne sommes pas nés dans la langue, en tout cas pas dans toute la langue. Nous n'avions reçu à la naissance que le quart environ de la langue française, soit le niveau familier, qui nous permettait de nous comprendre au quart de tour, assis à la table de la cuisine ou couchés dans un lit... mais qu'en est-il du reste de l'existence? «Comptez pas su' moé, chus pas sorteux!» Les choses changent, grâce à la télévision, cette fenêtre ouverte sur le monde, donc sur les autres niveaux de langue que nos familles ignoraient, soit les niveaux recherché (jusqu'à la préciosité), correct (parce que la grammaire y est respectée et la phrase soutenue), populaire ou argotique selon les cas.

Nous ne savons toujours pas nommer les arbres de nos forêts, ni notre faune, comme les Amérindiens le faisaient; nous ignorons les langages techniques et scientifiques, que nous croyons fatalement anglais parce qu'ils sont techniques; nous pensons parfois, au contraire, qu'il faut plaquer des mots de France sur des réalités d'ici sans faire l'effort de transposition nécessaire. Nous sommes de gentils colonisés sur trois de nos faces: au sud, à l'ouest, à l'est. C'est pourquoi sans doute avons-nous tellement envie d'aller vers un Nord mythique, où il n'y a rien, notre seule porte de salut!

Contrairement à d'autres pays d'Amérique, je songe aux États-Unis, aux pays hispanophones, au Brésil, nous ne nous sommes pas encore approprié toute la langue de la métropole pour nos fins

propres, pour l'expression de tous nos besoins. Le
Brésilien affirme qu'il parle portugais et non pas
brésilien, parce qu'il s'est approprié cette langue, l'a
transformée pour son usage, et ceux du Portugal
n'ont qu'à enrichir leurs dictionnaires de ces mots
nouveaux, de ces acceptions particulières. À défaut
de cette appropriation de la langue maternelle, c'est
l'anglais qui, bien sûr, s'imposerait de plus en plus au
Québec comme le meilleur véhicule de la pensée, le
plus pratique, le plus économique. Et comment
pourrait-il en être autrement, puisqu'on ne parle
jamais une langue par vertu, ni sous le coup d'une
loi (à moins que nous ne soyons une «majorité»
minoritaire dans son propre pays), mais bien par
nécessité vitale? Je sais, nous ne faisons pas le poids,
démographiquement, et de là viennent tous nos
malheurs... Si nous étions deux cents millions de
Québécois, nous pourrions dire aux Français: «Je
regrette, messieurs, mais au Québec le signal lumi-
neux du coin de la rue, qui autorise ou non les
automobilistes à passer, ça s'appelle "une lumière"
et non pas "un feu"! » Car il y a encore des imbéciles
pour soutenir que le mot «feu» (qui m'a toujours
paru voisin du mot «incendie») est plus motivé que
le mot «lumière» pour désigner l'objet en question!
C'est tout simplement une question d'usage, et de
nombre !

Cet argument démographique, pour impression-
nant qu'il paraisse, a pourtant quelque chose de
suspect à la longue et, quand on le serre d'un peu
près, il montre toute sa fausseté. Parce que nous ne
sommes que six millions de francophones au
Canada, cinq millions au Québec, nous n'aurions en

effet pas le droit d'inventer le lexique qui correspond aux réalités d'ici, sous prétexte qu'il n'est pas conforme à la norme française? Pas plus que nous n'aurions le droit d'utiliser certains mots dans des acceptions particulières, après une admirable dérive historique? Bref, nous n'aurions pas droit à une existence différenciée sur les plans culturel et linguistique parce que nous sommes petits, parce que nous constituons un si petit peuple! Versons une larme sur notre petitesse en passant. Au-delà de quel nombre d'habitants un peuple a-t-il droit à sa culture? Faut-il être au moins vingt-cinq millions d'habitants qui parlent la même langue? Alors le Canada n'existe pas. Dix millions? La Suède n'existe plus. Six millions? Le Québec mais aussi la Norvège, le Danemark, la république d'Haïti et combien d'autres pays seraient automatiquement rayés de la carte!

En poursuivant la logique de ce raisonnement paresseux, je constate que la Belgique, la Suisse et la France n'auraient que des avantages à fusionner, et je propose tout de go l'annexion pure et simple du Québec aux États-Unis, avec interdiction de la langue française en prime, puisqu'elle nous semble imposée de l'extérieur et qu'elle est la source de tous nos maux, sans jeu de mots. Tous nos problèmes seraient alors résolus. Parlant enfin la langue de la majorité qui nous entoure, partageant déjà avec elle une partie de notre culture, nous aurions enfin le sentiment d'être montés dans le train.

On voit où ce raisonnement nous mène, dans quelle absurdité il nous plonge. Bien des petits peuples possèdent leur langue propre et ils ne songent pas à s'en plaindre, alors que nous avons l'avantage, comme les autres peuples d'Amérique, de partager avec un pays d'Europe l'une des grandes langues de culture. Il suffit simplement que nous nous mettions à la tâche pour définir une norme linguistique québécoise qui tienne compte de notre héritage français et de notre histoire canadienne en terre d'Amérique.

Nous devons donc composer, parler et déclarer que nous parlons français avec des régionalismes québécois. Ces régionalismes, s'ils sont bien formés, nous les imposerons graduellement par la force de la culture – pas par ignorance des autres emplois, internationaux ou de France.

S'approprier la langue, ça veut dire la maîtriser aussi bien au niveau recherché qu'aux niveaux correct, familier ou populaire, pour les besoins de la cause. On ne fait pas parler un ouvrier comme un médecin en dépit de son désir d'abolir les classes sociales. Cela signifie également pouvoir se donner accès aux langages techniques, celui des professions, de l'ingénieur, de l'avocat, du pêcheur hauturier... En prose, c'est cela, dire le monde, ce n'est certes pas parler à la place des autres, d'un point de vue étroitement individuel : il faut au contraire donner la parole aux autres, et pour y parvenir, écouter d'abord comment ils s'expriment. On est loin du petit jeu qui consiste à bousculer l'ordre des mots dans le dictionnaire et qui se prétend littérature !

Mais l'autre ne parle pas toujours dans mes textes, je parle aussi assez souvent, et ce serait une erreur de me prendre pour l'autre : je veux dire de ne pas distinguer la narration (qui est mon propre discours) de la citation (le discours de l'autre). On a connu cette hérésie au moment où les écrivains québécois prenaient un niveau de langue pour toute notre langue, décrétant le «joual» langue nationale. Ils étaient conséquemment tentés de prendre aussi le «joual» pour la langue du narrateur. J'ai déjà vu dans les cirques un cheval qui savait compter, mais un cheval qui sache écrire, jamais. Je crois que nous en avons fini avec cette révolte, nécessaire un temps pour nous prouver que nous existions. Elle aura pourtant beaucoup compté dans notre prise de conscience de la qualité et de la nature de notre langue. Il ne faudrait pas perdre encore une fois les acquis d'un mouvement qui a voulu clarifier les choses. Personne ne peut plus soutenir que nous parlons exactement le français de France, et je demande «Où est le mal?» À nos détracteurs de l'Ouest canadien je redemande «Et que faites-vous du reste de l'Amérique qui connaît un phénomène linguistique tout à fait analogue au nôtre?» Non, on ne confond plus les faits de langue avec les remords de la morale bourgeoise.

À présent toutefois, plus rien n'incite l'écrivain québécois à se priver des harmoniques de toute la langue, où les mots circulent librement et s'éclairent de reflets réciproques parce qu'ils emportent avec eux des traits de classes, d'idéologies, de métiers, de régions.

Toute la langue, donc, à moins de vouloir traduire précisément ce dépouillement, ce rétrécissement de la conscience qu'on aurait du monde, cet étranglement de celui qui vit dans la misère linguistique.

La pratique de la langue française québécoise

Il n'est pas facile de réaliser notre autonomie culturelle dans le contexte qui nous étreint. Il faut pourtant essayer d'y arriver, à moins de vouloir n'être que la succursale de Paris, les fournisseurs de matières premières en exotisme, en un mot les nègres blancs d'une culture qui ne nous reconnaît aucun droit à l'existence, sinon sur le mode de l'imitation – ce qui nous raie automatiquement de la carte – ou sur celui de l'exotisme, dont le charme suranné et étroit nous précipite tout aussi sûrement vers le néant. Il n'y a qu'une façon d'exister face à Paris et c'est d'affirmer la légitimité entière de notre différence. Nous avons sur la Belgique et la Suisse un immense avantage : nous sommes d'Amérique ; le contenu de notre culture est fondamentalement différent ; notre rapport au monde aussi. (Voir ci-après le chapitre intitulé « L'enjeu culturel ».)

De la même manière, c'est seulement en affirmant notre différence légitime par rapport aux Amériques anglophone, hispanophone, lusophone, que nous avons quelque chance de participer à la culture mondiale contemporaine.

Se laisser dicter par Paris la couleur, le ton, la langue intégrale d'une histoire qui se passe en Amérique québécoise relève d'un malentendu monstrueux ou d'un esprit parfaitement colonisé. Emprunter, dans l'écriture du roman québécois, n'importe quel mot américain ou anglais (ceux de la conquête anglaise et de l'assimilation) sous prétexte qu'ils disent tellement mieux notre réalité que l'équivalent français, relève de la même faiblesse de la cervelle et du même mécanisme psychologique. L'anglicisme à toutes les sauces ne mène à rien. Il n'est que le signe d'une autre servitude qui tente de nous faire prendre les balafres infligées à notre langue pour des parures, les bégaiements infligés à notre pensée pour un trait de caractère. « Traversez-moi ce pont-bridge! » Fermez / Close / la porte / the door... Ma grand-mère aurait compris ou dit: Fermez la porte de dehôrs en allant aux closettes! La fille que je te parle de... Ouais.

À moins de vouloir représenter un milieu particulier, donc, et cette blessure-là surtout, l'avenir de la littérature québécoise ne passe pas par le sabir franglais.

Michel Tremblay, auteur admirable à tout point de vue, a parfois de la friture sur la langue. Il en fait trop, me semble-t-il, il s'acharne, dans ses romans, à photographier la langue populaire, il tient à la reproduire dans ses intonations, ses écorchures, son accent, alors qu'il pourrait se contenter de quelques indices signalant au lecteur le lieu d'où il parle. Cela le prive d'une partie de l'audience francophone à laquelle il mériterait d'avoir accès. Car la littérature a pour défi de représenter, non pas de reproduire. Représenter signifie recourir aux seuls signes nécessaires et suffisants pour que le lecteur reconstitue en imagination la langue utilisée par le personnage, l'accent qui lui est propre, son intonation. Reproduire constitue la tâche du linguiste, quand il enregistre et transcrit des paroles en alphabet phonétique international par exemple. Cette remarque peut paraître injuste puisque Tremblay possède par ailleurs le génie de la représentation en ce qui concerne les scènes, les tempéraments, les attitudes, les gestes, les opinions, mais je ne parle ici bien évidemment que de sa représentation des langages. Sa représentation du langage populaire en particulier pourrait être plus économique sans rien perdre de son efficacité. On pourrait reprocher de la même façon à Victor-Lévy Beaulieu de ne pas avoir réussi à établir des distinctions nettes entre le langage infantile et le niveau de langue familier, les anglicismes et les parlers régionaux, la langue recherchée et le niveau de langue correct, et enfin d'avoir confondu sa langue de narrateur avec celle de son personnage. C'est une position possible, encore faut-il la choisir, et que l'œuvre le justifie. Hubert Aquin pour sa part ne rendait pas tout à fait son dû à la langue québécoise et je ne sais quel tabou l'empêchait de faire à ce sujet la moindre concession. La position de Jacques Ferron, par contre, me paraît juste : il convient de recourir au mot québécois nécessaire pour traduire les réalités d'ici, le chercher, le trouver ou l'inventer, et s'y tenir. Et l'imposer à la francophonie comme un terme inéluctable, pour la simple raison qu'il est le seul à pouvoir traduire à la fois le concept, la pratique et le contexte de notre réalité nord-américaine francophone.

Le problème de la norme au Québec est triple : 1) il faut désangliciser le vocabulaire, donc échapper de ce point de vue à la tutelle de la langue anglaise ; 2) il faut dédouaner la langue d'ici de la langue de Paris, donc nous libérer de la tutelle de la langue française, tout en conservant bien sûr les attaches nécessaires au monde francophone (il y aurait toutes sortes de nuances à apporter); 3) définir une norme qui garde le contact avec la langue québécoise traditionnelle tout en mettant les Québécois sur le même pied que les autres francophones[2].

Ce programme en trois points, soumis par un linguiste de l'Université Laval, me paraît incontournable si l'on veut que la littérature québécoise ait quelque avenir. Toutes les autres langues d'Amérique ont établi leur norme linguistique depuis assez longtemps déjà, et personne ne songe à leur en contester le droit. Désangliciser le vocabulaire chaque fois que se trouve un terme équivalent français, car il n'y a aucun avantage à parler entre deux langues.

Puis libérer la langue québécoise française de la tutelle parisienne, c'est-à-dire, véritable tâche des écrivains d'ici, imposer avec force les mots indispensables à la description de nos différences culturelles, géographiques, politiques, sociales. Cela va du néologisme à l'acception particulière de mots encore en usage en France, qui ont pris un autre sens ici. En bref, arrêter une fois pour toutes de penser qu'avec des termes parisiens, y compris l'argot, on puisse traduire convenablement les réalités d'ici. Pour être clair jusqu'au bout, je ferais la distinction suivante: l'écrivain québécois n'invite pas

2. Jean-Denis Gendron, «Modernisation et norme», dans *Bulletin du Conseil de la langue française*, vol. V, n° 1, hiver-printemps 1988, p. V.

à dîner mais à souper, il ne va pas à la chasse à l'élan mais à la chasse à l'orignal, il ne monte pas à l'étage mais au deuxième, il ne donne pas une pièce de monnaie à l'ouvreuse des toilettes pour la bonne raison qu'ici nous n'avons pas d'ouvreuse de chiottes. Écrire cela, c'est nier d'un trait sa propre culture et se plier aux exigences d'éditeurs en mal d'exotisme sur le plan du contenu mais complètement intraitables en ce qui concerne la norme linguistique française, comme si l'un pouvait aller sans l'autre, comme si Marquez pouvait écrire son œuvre en parlant de maison de ferme plutôt que d'hacienda, de canotier plutôt que de *tartarita*, de vaches marines plutôt que de lamantins. À la rigueur, si tel est leur bon plaisir, que les Français produisent l'édition française d'une œuvre québécoise, en la maquillant de sorte qu'elle ressemble à la prose d'un romancier de province français, c'est leur droit le plus strict, mais qu'ils destinent cette publication aux seuls lecteurs de France! Nous nous contenterons de la version québécoise.

Pour être plus clair encore, j'irai jusqu'à affirmer que le fait de publier d'abord en France constitue pour l'écrivain québécois un double piège: en plus de lui ôter les mots de la bouche, comme je viens de le montrer plus haut, l'éditeur français distribue en général les œuvres québécoises surtout au Québec et se garde bien d'en faire une forte promotion en France. Ce grand marché pour nous demeure donc un beau mirage. La démarche inverse cependant a quelque sens: publier au Québec, puis en coédition avec Paris, un texte à prendre ou à laisser. Et pour peu que l'auteur québécois ait sur la langue une position claire et constante, dans le sens d'une autonomie relative, il y a fort à parier que le marché français finirait par s'intéresser à ces œuvres d'un autre continent, plus proches par la langue que celles de l'Amérique latine ou de l'Amérique anglo-saxonne.

Le troisième élément du programme linguistique, à savoir le contact avec la langue québécoise traditionnelle, est plus délicat à traiter. Jusqu'où peut-on aller dans l'écriture de la langue (surtout des niveaux familier et populaire) sans se couper des autres francophones du monde? Il me semble tout de même que là encore, il y a des points de repère susceptibles de guider l'écrivain. Le premier de ces repères, c'est l'usage contemporain. Il ne sert à rien d'écrire sur le mode du «moé pis toé» si de moins en moins de personnes ont recours à cet archaïsme de prononciation parmi les acteurs de nos drames. À moins, encore une fois, que l'écrivain ne veuille par cela désigner exactement une époque, un milieu, un rapport à la langue. Il en va de même pour l'ensemble de nos archaïsmes (lexicaux, syntaxiques, sémantiques). Quant aux néologismes utiles, non seulement convient-il d'y avoir recours mais il faudrait les promouvoir et les intégrer à notre norme.

Lorsque les Parisiens auront lu dix œuvres québécoises comportant le même terme, ils finiront bien par en décrypter le sens et par comprendre que nos gadelles et bleuets n'ont pas tout à fait le même goût que leurs petites baies sauvages.

Le sujet

J'ai cru un temps qu'il suffisait d'écrire n'importe quoi, puisque tout était dans la manière d'écrire. Que l'écriture sauvait tout. Ce n'est pas si simple! La littérature, en plus de viser à séduire ou à choquer, parle plus ou moins fortement du monde que l'on habite, et c'est aussi ce rapport à notre réalité qui départage les fantaisies passagères des œuvres d'art nécessaires. Mais ceci n'est pas mon propos immédiat. Je voudrais m'en tenir à quelque chose de plus modeste, à la question du germe qui donne naissance à un texte littéraire.

Il y a des sujets qui ont forcément moins de résonances que d'autres, qui tournent court, qui se ramènent à rien en fin de parcours. On attendait de ceux-ci beaucoup, ils ne rendent pas, on attendait de ceux-là peu de choses, ils se révèlent des germes inépuisables. Comment cela se peut-il?

Pour une nouvelle, par exemple, le sujet est net, l'idée contient déjà dans son germe sa limite et son traitement, parce qu'elle est simple, unifiée, ne porte que peu de voix, n'offre pas d'autres possibilités. Le sujet se développe donc souvent en ligne droite, le long d'un fil sans nœuds, il économise du temps en traitant tout de façon condensée, parfois schématique. Il ne dit que l'essentiel, directement lié à son propos. Pas de grands détours pour simplement produire un effet de couleur, une atmosphère. C'est un événement qui file à son but et ne tolère pas beaucoup les digressions, les tableaux, les scènes qui révèlent lentement un caractère.

Le sujet de roman, par contre, apparaît déjà dans son épaisseur, s'installe d'entrée de jeu dans la durée, sinon il n'a rien à voir avec le roman même si on cherche à l'étirer. Bref, c'est une idée complexe, qui est susceptible de s'articuler en thèmes et sous-thèmes, dont la nature peut changer au fur et à mesure qu'évoluent les personnages. Une idée assez riche pour être développée, mais non pas encombrée cependant de détails qui en feraient obligatoirement bifurquer la croissance.

> Pour une idée exploitable, être «réalisée» n'est jamais une simple condition passive, et je considère qu'aucun sujet ne peut jamais fournir cette aide s'il n'est pas, comme l'homme embarrassé du proverbe, capable de s'aider lui-même[1].

---

1.   Henry James, *La Création littéraire*, Paris, Éditions Denoël/ Gonthier, coll. «Médiations», 1980, p. 125.

Élaboration d'un sujet

Il y a donc des sujets riches, comme le dit Henry James, et des sujets qui sont des labyrinthes dont on ne sort pas. Même le bon sujet cependant ne s'élabore pas seul. Il faut l'analyser, le considérer dans son entièreté, puis le diviser, le couper selon ses diverses parties, constituer ainsi des masses à équilibrer selon leur poids «naturel». C'est disposer le contenu selon des axes logiques parfois, esthétiques surtout, c'est-à-dire dans un ordre qui mettra en valeur chacun des éléments plutôt que de les annuler en les plaçant dans une séquence banale ou trop attendue.

Élaborer, de la même racine que labeur, c'est un travail intellectuel qui n'a plus rien à voir avec la spontanéité ou le laisser-faire, et assez peu à voir avec l'inspiration proprement dite. Il ne s'agit surtout pas d'étirer un sujet, mais de le déplier en suivant les lignes ou les plis déjà contenus dans le matériau lui-même.

En d'autres termes, c'est à partir du germe initial que la ligne de vie se développe, car il ne me semble pas possible de faire, après coup, la synthèse de plusieurs noyaux de couleur ou de nature différentes. Un germe, un noyau complexe comme la vie, une idée, mais aussi un ton, une manière de voir, bref un grain de passion suffisamment riche pour mobiliser et l'esprit et le cœur. C'est donc de là qu'il faut partir, à quoi il faut tout rapporter en tant qu'élément structurant. Un sujet qui ne fascine pas son auteur ne mérite sans doute pas d'être traité, parce que de toute manière il ne se rendra pas à terme s'il ne séduit pas d'abord celui qui devra pour un temps y lier sa propre vie.

Développer. Soit le sujet réaliste suivant: Une jeune personne, dans la vingtaine, dont le père était fortuné, se retrouve soudain dans la dèche à la suite de la faillite financière de ce dernier.

C'est une idée banale, bien sûr, dont on pourrait d'ailleurs inverser les termes: de la pauvreté à la richesse subite (coup du sort, loterie). Peu importe. Je la propose banale pour que ce soit moins facile. Si on la développe, on conçoit tout de suite qu'il y a là deux versants contrastés, un avant et un après. On pourrait donc diviser la chose en deux parts égales, l'une étant le miroir déformé de l'autre. Bien! Toutefois, quand le lecteur amorcera le deuxième versant, il risque de comprendre le système et de s'ennuyer au bout de quelques pages. Autrement dit, il n'a plus besoin de lire pour saisir la suite. C'est une mauvaise partition. Retenons-la provisoirement pour élaborer le contenu.

Il y a donc nécessairement une situation antérieure et une situation postérieure séparées par un événement, disons la ruine du père. Et chaque situation est constituée à son tour d'une multitude de thèmes, qui se subdivisent en sous-thèmes, alors que l'événement central, pourtant déterminant, passera dans le récit en quelques paragraphes, pour la simple raison qu'on ne peut pas raconter plus d'une fois le même événement (à moins de donner dans l'anti-roman). Les thèmes pourraient être ici ceux de l'amour, de la relation filiale, du rapport à l'argent, aux objets quotidiens, à l'art, etc. Les sous-thèmes sont de la même nature: par exemple l'objet de l'amour (personne de la même classe ou d'une autre classe, appartenant au clan ou non, du pays ou non, etc.), la nature du sentiment amoureux (domination, légèreté, insouciance, etc.), la durée du sentiment amoureux...

On est au seuil d'une histoire comportant de multiples facettes qui demandent à se regrouper organiquement autour du sujet principal. Car il faut dire qu'élaborer un sujet ne consiste pas à en exprimer toute la substance avant l'écriture, au point que plus rien ne pourrait naître de cette dernière sinon la description fidèle d'un plan ramifié à l'infini. Trop de détails contraignants empêcheraient le processus de création au moment de l'écriture. Il y a ici un jeu délicat à mener entre l'avenir du texte et sa production immédiate, un jeu tout à fait essentiel. L'écriture se nourrit du mouvement du texte en train de naître, et le texte ou la structure se nourrissent encore de l'écriture. J'y reviendrai.

Complexification du sujet

Que la jeune personne dont il est question soit un homme ou une femme n'est pas indifférent. Qu'il ou elle ait tel tempérament plutôt que tel autre est aussi déterminant. Que sa santé soit florissante ou fragile, que sa sensibilité le pousse à des raffinements exquis, que le lieu soit conforme, que le temps, c'est-à-dire l'époque, permette le déploiement sans contrainte de ce rêve incarné, tout cela obéit à la nécessité de déployer le projet dans sa logique extrême et de lui faire rendre son dernier mot beaucoup mieux que ne le fait la vie elle-même, parce que la vie réelle est affectée d'un handicap majeur que ne connaît pas la fiction: elle doit se plier à toutes sortes de contraintes autres que celles du sens et de l'esthétique.

Ajoutons, pour complexifier notre sujet, que le père meurt d'une crise cardiaque avant de révéler à sa famille son état financier. On aura donc là la possibilité de rapprocher ou d'éloigner à volonté ces deux noyaux du drame: prise de conscience dramatique ou lente enquête conduisant enfin à la révélation de la faillite. L'héritière (car j'opte pour la jeune fille) se trouvera donc seule, désemparée, comme si le monde lui faisait soudain défaut, d'un seul coup, ou progressivement. Sa grande beauté, qui lui ouvrait toutes les portes, passe maintenant inaperçue, du moins le pense-t-elle. (Car il faut se mettre dans sa tête, voir le monde avec ses yeux.)

Complexifier, c'est ajouter les détails qui feront parler le sujet d'une façon originale, qui en feront un objet littéraire unique.

Construire le sujet

Arrivé à cette étape, l'écrivain, l'écrivaine, regarde son matériau et décide de la disposition des éléments dans l'ensemble. Car rien, j'insiste, ne l'oblige à respecter l'ordre dans lequel sont apparus les divers éléments. Ainsi, dans la construction, je ne retiendrais pas les deux versants définis plus haut, je les fusionnerais au contraire dans un seul et même temps, ce qui est beaucoup plus difficile mais plus prometteur, et je m'arrangerais pour éviter que ces deux versants de l'avant et de l'après reviennent se balader d'un paragraphe à l'autre. Autrement dit, je tenterais de faire passer le premier temps dans le second sans le nommer, mais ce serait tout le récit qui le désignerait en creux, qui clamerait son existence.

Et puisque le narrateur est «dans la tête» de la jeune fille, je choisis la narration à la première personne, plus fluide, plus proche de l'émotion. Je soigne aussi mes stratégies d'attaque. Commencer par la scène vibrante, où tout éclate, ou par le pas à pas feutré qui prend le lecteur par la main et le mène doucement au bord du précipice.

Voici le moment de l'écriture, et tout reste à faire. Car écrire, c'est voyager du mot à mot au thème central, du mot à mot à la scène qu'on est en train d'écrire, du mot à l'ensemble de la structure. Il n'y a pas une conception générale, puis une écriture du détail. L'écriture peut imposer un changement dans la structure générale, et l'inverse aussi. Tant qu'un texte n'est pas publié, il est malléable, il pourrait n'être encore qu'un chaos où un nouvel ordre viendrait s'inscrire.

Tout ce que je viens d'écrire est bien sûr fort relatif. La créativité, qui est précisément pensée divergente, n'aime pas les sentiers battus; c'est pourquoi on n'arrivera jamais, par définition, à en déterminer une fois pour toutes les mécanismes. Les choses peuvent donc se passer tout autrement. Le sujet naît parfois de et dans l'écriture d'un paragraphe, qui le contient comme son amorce et qui en dicte déjà le ton, le temps, le mode de narration, ou il apparaît sous forme de structure, ou sous forme d'idée. Mais quand on ne tient pas ce paragraphe, cette forme, on passe par l'idée, le mot, la sensation, et pourquoi pas par la béquille du dictionnaire? Il y a des mots qui sont des drames, d'autres qui nous branchent sur le rêve. Lire, à la rigueur n'importe quoi, constitue le plus vif stimulant de la créativité.

Les contenus en prose

«La création artistique a deux aspects empiriques: l'œuvre matérielle extérieure et le processus psychique de sa création et de sa perception: les sensations, représentations, émotions, qui l'accompagnent.»[2]

Il faut distinguer d'abord le processus créateur de l'objet produit, par exemple un roman. Ce sont là deux phénomènes de nature différente. Les contenus qui passent par l'esprit au moment où on écrit ne sont pas nécessairement ceux qui s'inscrivent dans l'œuvre, lesquels seront eux-mêmes différents de ceux que perçoit le lecteur. Au moment de l'écriture, l'esprit vagabonde et la plume ne retiendra bien sûr qu'une partie des contenus et des représentations qui surgissent en lui. Mais il y a plus important encore: écrire de la fiction est un *faire*, un faire voir, un faire sentir, qui n'a pas grand-chose en commun avec les sensations ou les émotions que ressent l'auteur devant son sujet. Comme disait Valéry, ce n'est pas en courant aussi vite que la locomotive qu'on en décrit la vitesse. Ce n'est pas en pleurant

---

2. Mikhaïl Bakhtine, *Esthétique et théorie du roman*, Paris, Éditions, Gallimard, 1978, p. 66.

sur son sujet, parce qu'il nous émeut, que l'on touche le lecteur. Il s'agit plutôt de construire la machinerie qui le fera pleurer, la machinerie qui l'amènera, lui, le lecteur, à se représenter avec émotion l'univers dont l'auteur lui ouvre la porte. En d'autres termes, écrire consisterait de ce point de vue à mettre en place des contenus qui susciteront l'émotion dans le psychisme du lecteur, en misant en partie sur ses propres représentations. C'est la part de séduction de l'entreprise littéraire ou artistique, la part la plus difficile à maîtriser. C'est ce qu'on appelle habituellement le métier.

Celui qui écrit de la prose utilise un matériau, la langue, qui lui permet de présenter des contenus en les mettant en forme (le monde thématique des événements est déjà du contenu mis en forme).

Une fois mis de côté le matériau linguistique qui est travaillé d'une façon particulière par la poésie, le contenu en littérature pourrait se définir comme l'ensemble des rapports au monde qu'entretient celui qui écrit et, dans le cas du roman en particulier, il assume également les relations externes des autres individus entre eux, tels qu'ils se manifestent dans le langage et les rapports sociaux. Comme on le constate, il y a, dans les contenus de textes en prose, une sorte d'altruisme forcé ou, pour employer un terme plus neutre, une connaissance de l'autre qui constitue un des éléments fondamentaux du texte et qui déterminera même la forme du texte. Cette connaissance de l'autre ressortit à l'ordre du réel et concerne, entre autres, les valeurs socio-culturelles, les idéologies, les rapports sociaux inscrits dans la langue, les savoirs et les différents discours sociaux.

Mais il y a également des contenus, fantasmes, rêves, sentiments, qui relèvent de l'ordre du désir, qui viennent colorer les premiers, s'amalgamer à eux, ou carrément se substituer à eux. Il y a enfin les contenus qui relèvent de l'ordre de la fiction, comme les thématiques, les péripéties, les structures, qui ont déjà subi le travail de la forme, qui ont déjà passé l'épreuve de la mise en forme.

En un mot, tout appartient au contenu... le problème ne consiste pas à savoir ce qu'il est possible de dire, puisque la réponse c'est tout ou n'importe quoi. Le problème, comme le dit Bakhtine, c'est de donner forme à ce contenu, de lui donner une unité artistique, de le rendre, par un artifice, nécessaire, de manière que chaque élément soit lié au tout de façon structurelle et *sine qua non*: autrement dit, qu'un seul élément vienne à faire défaut et la structure s'écroule. On a souvent proclamé qu'en poésie un seul mauvais mot faisait naufrager le plus beau des poèmes; on devrait dire la même chose de la prose: un paragraphe inutilement long, une scène trop peu développée, un chapitre mal arrimé à l'ensemble parce qu'il n'est pas dans le ton ni dans le thème, une partie qui s'égare dans des considérations qui ne respectent pas le rythme de l'œuvre, son économie générale, tout cela contribue à affaiblir la signification et en arrive parfois même à ruiner complètement l'œuvre de fiction.

Parce que le discours romanesque est libre et puisqu'il ne tire sa cohérence que de lui-même et non de quelque objet externe, il faut d'autant mieux l'organiser dans ses parties, jusqu'au moindre détail.

Au-delà des formes

Au-delà de la langue et des formes, on attribue généralement à une œuvre littéraire une valeur équivalente au plus ou moins grand intérêt des contenus. La maîtrise de la langue, et d'une façon générale des formes, ne suffit pas en effet à emporter l'adhésion du lecteur. Il pourrait y avoir une œuvre parfaitement écrite qui ne dise rien et ne concerne personne, une sorte de monument stérile dont le propos soit nul, dont les structures tournent à vide.

On a habituellement affaire au phénomène inverse, alors cette question se pose moins souvent. Combien de manuscrits plus ou moins achevés, en effet, sont acceptés par des éditeurs et envoyés au four, uniquement parce qu'on a cru que le sujet prendrait et que cette œuvre apporterait des dividendes! Le moins qu'on puisse dire, c'est que dans l'ensemble la critique et les lecteurs se montrent assez peu pointilleux sur les problèmes de forme. Une «bonne» histoire racontée convenablement fera l'unanimité. Encore faudrait-il s'entendre sur la définition de «bonne histoire». La plupart y voient quelque chose d'inédit, de nouveau au sens superficiel, quand ils n'y recherchent pas le scabreux, par goût du scandale, ou le déjà connu, par paresse, le déjà connu qui endort la conscience et la flatte de démêler à mesure et avec facilité les fils de la trame.

Quand on dit que le public juge les auteurs à la valeur populaire de leur contenu, on n'a sans doute pas tort, puisque tout public cherche avec raison à se reconnaître dans sa littérature. Un contenu qui marche, c'est un contenu socialement lisible, c'est-à-dire dont une partie du moins est identifiable à des pratiques connues, à des idées qui sont dans l'air, à des comportements actuels ou très bien définis, à des images que le lecteur reconnaîtra spontanément. C'est une dimension de la littérature que l'on ne peut pas exclure radicalement pour se cantonner dans un discours individuel, à la limite dans un idiolecte compris de soi seul et n'ayant aucun point de contact avec la réalité sociale. Laissons cela aux décadents dont la satisfaction est proportionnelle à l'incompréhension du public!

Tout est cependant dans la nuance que j'essaie d'introduire en disant «une partie du contenu est identifiable à des pratiques connues». On n'écrit certes pas pour donner au lecteur ce qu'il sait déjà, ni pour le dérouter au point qu'il fermera le livre. Alors quoi? Il me semble que l'art de la prose est fait de séduction et d'enseignement, de dons et d'exigences, de sorte qu'il y ait un plaisir d'apprendre. Il y a des avant-garde qui ont quelquefois confondu l'art avec l'école en exigeant qu'on les lise un dictionnaire à la main, et encore si le dictionnaire suffisait! Le problème vient de ce que certaines avant-garde, dans leur désir légitime de dérouter, semblent oublier qu'en s'écrivant elles doivent produire du même coup les moyens de leur propre interprétation, livrer discrètement les clés pour qu'on entre dans leur domaine.

Car l'art de tous les temps a toujours visé le plaisir! Voilà un principe que nous semblons avoir oublié pendant des décennies, considérant presque la lecture comme une punition, et les œuvres comme des pensums pour masochistes. Si l'art procure un plaisir esthétique, c'est de là qu'il faut partir pour proposer des contenus nouveaux, et je ne suis pas loin de croire que tout contenu que la forme n'aura pas présenté sous l'aspect du plaisir sera rejeté, ou à tout le moins ne sera pas retenu par le lecteur. C'est qu'en parlant il faut séduire, sinon mieux vaut se lancer dans les affaires, où la parole est moins essentielle, ou encore se recycler en anesthésie, où la cessation du débit verbal prouve bien que l'on dort. Et séduire signifie obtenir l'adhésion du lecteur, mobiliser sa liberté et son imaginaire. À partir de là, vous pouvez instruire tant que vous voulez, puisque vous maintenez la conscience en éveil.

L'écrivain n'utilise toutefois pas la même aune que le public pour mesurer la valeur de ses contenus. Il cherchera, dans la masse du connu, ce qu'il peut apporter d'original, ce qui est propre à son monde ou à sa vision du monde. Et commence alors son travail spécifique, c'est-à-dire cette mise en forme, dans une forme qui rende ce contenu sans reste, mais également d'une façon harmonieuse, séduisante pour l'esprit. Autrement dit, que les deux, forme et contenu, soient si parfaitement vis-à-vis ou fondus que l'on ne puisse plus dire «Ceci n'appartient qu'à la forme», et inversement. En ce sens, il y aurait des œuvres rondes, d'autres qui se balancent comme des valses, d'autres qui ont des angles pointus et des rythmes de danses carrées, sans parler des saveurs de pomme quelquefois, ou de framboise qui grince sous la dent, ou d'épices. Que d'œuvres ratées parce qu'elles n'ont pas cherché ni trouvé leur forme, leur ton unique, la structure particulière capable de mettre en valeur ce contenu-là! Avoir quelque chose à dire, c'est le dire dans une forme, ancienne ou nouvelle, qui serve ce contenu comme aucune autre forme ne le ferait. En d'autres termes, c'est trouver non seulement ce que l'on veut dire mais du même coup la façon de le dire, sans laquelle notre supposé beau contenu risque de sombrer dans la banalité la plus lisse.

Quant à la profondeur, décriée par les ingénieurs du Nouveau Roman – ils auraient mieux fait de s'en tenir aux ponts et chaussées –, elle n'est pas uniforme, ni donnée dans tous les cas. On pourrait la définir comme un rapport à ce qui remet en cause et secoue les valeurs jugées essentielles à nos vies. Bien sûr que la célébration de la rose n'aura jamais le même effet sociologique que la juteuse description du drame amoureux individuel ou la sèche évocation du cataclysme final! Mais il convient de noter qu'il y a des contenus plus graves que d'autres, des contenus qui sont anodins s'ils ne sont traités que sur le mode anodin, alors que d'autres induisent un questionnement sur nos valeurs et nos comportements, peu importe le point de départ. Tout semble dépendre de ce qu'on a derrière la tête quand on aborde le thème; bref il s'agit peut-être encore pratiquement d'une affaire de forme. Si un détail, une niaiserie même me conduit à poser la question des valeurs qui nous font mouvoir aujourd'hui, je suis dans l'essentiel. Mais je ne cache pas que toute la difficulté réside dans ce lien, du prétexte au texte, du sujet au sens. On croit parfois l'avoir établi, divine illusion qui nous berce un moment, et puis on découvre que le sens ne passe pas chez les autres, c'est donc qu'il n'y était pas, que les structures et les formes mises en place ne portaient pas lisiblement ce sens.

Cela s'explique mal, ne s'enseigne peut-être pas. Comme le style. Pourtant je voudrais en dire un mot. Un contenu ne passe pas tant et aussi longtemps que l'on ne réussit pas à se relire comme si on était l'autre, le lecteur. C'est que, écrivant, on connaît trop son sujet, son monde, et l'on oublie de le faire voir, parce que l'on gomme des éléments vitaux qui nous paraissent inutiles. C'est comme décrire sa mère à sa propre sœur: on se contente d'un mot, parce qu'il y a connivence, quasi-identité des expériences et des mémoires, qui font le reste. On oublie que le lecteur n'est pas notre propre sœur, ne baigne pas dans notre intimité et qu'en conséquence il faut tout lui donner à lire, seulement l'essentiel mais tout l'essentiel. Écrire, ce n'est pas parler de, c'est donner à voir, comme disait Rimbaud. Et pour donner à voir, il faut monter une sacrée machine. Avec des voiles.

Une détente productive, l'inspiration

On se demande parfois comment un écrivain en arrive à passer à l'écriture, à chatouiller ses muses et à produire des textes littéraires. La maîtrise de la langue et la découverte d'un bon sujet, comme je viens d'en parler, suffisent-elles à faire de l'honnête homme un écrivain honnête ou grand? Cela ne va pas de soi. Il manque sans doute encore à cette pâte deux ingrédients au moins pour la faire lever: le talent, qu'on ne peut pas vraiment définir mais dont on reconnaît fort bien les effets, et l'inspiration, si chère aux Anciens et qui n'était à mon avis qu'une façon de remonter la trace du talent en lui attribuant des causes divines. Si aujourd'hui on parle de créativité, on comprend mieux de quoi il retourne. L'inspiration serait en somme l'une des manifestations de la créativité d'un individu, un effet de son talent. Reprenons au début.

Ce qu'on appelle la «créativité» ressemble fort à l'association libre, à la rencontre plus ou moins fortuite d'éléments hétérogènes et à la saisie soudaine (c'est ici qu'intervient spécifiquement l'esprit créateur) de leur unité fonctionnelle, ou esthétique, ou pratique.

Il est utile de rappeler que des écrivains ont qualifié l'imagination de «folle du logis», tandis que d'autres parlaient de nécessaire enivrement (Baudelaire) ou d'état poétique (Valéry) au moment de la conception d'une œuvre. Qu'est-ce à dire sinon que le travail de création nécessite un relâchement des facultés rationnelles et un arrangement particulier des forces psychiques, que les Anciens appelaient l'inspiration, en lui attribuant à tort une origine extérieure au sujet écrivant, alors qu'on peut ramener à l'intérieur de ce sujet même et les causes et les processus, en tenant compte du fait que le langage est un phénomène social et qu'à ce titre il n'est pas réductible à la conscience individuelle.

L'inspiration, que des esprits néo-positivistes ont tenté de bannir du processus créateur parce qu'ils ne pouvaient pas la toucher du doigt, existe bel et bien, tout artiste le sait! Mais on a quelques difficultés quand on veut la définir autrement qu'en termes métaphoriques. Je dirais qu'elle résulte d'une combinatoire des diverses ressources que possède un individu (mémoire, expérience du monde et de la langue, imagination, imaginaire, inconscient, sensibilité, savoirs), de leur rencontre avec un déclencheur circonstanciel, dans un état de dispositions psychiques particulières. C'est un état de grâce, ou pour lâcher la métaphore religieuse, une illumination de l'esprit qui éclaire tout à coup des liens nouveaux entre les choses. On pourrait dire aussi bien qu'elle est une co-incidence ou, comme la définit Arthur Koestler, dans *Le Cri d'Archimède*, la rencontre de deux matrices de pensée qui dégage une vérité nouvelle.

Certains poètes n'ont défini que l'un ou l'autre de ces aspects en laissant dans l'ombre l'ensemble de la combinatoire. Ainsi en va-t-il de Paul Valéry qui ramène l'inspiration à «l'état chantant». Mais son «état chantant» nous renseigne beaucoup sur les dispositions psychiques du poète au moment de l'écriture. Valéry en parle notamment dans un petit texte intitulé «London-Bridge»[1]. Il s'agit effectivement d'un état second dans lequel l'esprit est coupé de la signification usuelle du monde immédiat (qui n'est que signification abstraite, apprise, niant la présence massive des choses), pour n'être plus attentif qu'à son murmure, à sa couleur, à sa réalité native; l'esprit se trouve ainsi au bord d'une réinterprétation du réel, parce que le réel est débarrassé de la gangue des choses connues. Bref, il s'agit d'une attention distraite ou mieux d'une distraction attentive à ce qui se passe ailleurs, dans l'écart même de cette distraction, attentive au langage lui-même ou, ce que ne consentait pas à avouer Valéry, à ce qui monte de soi, c'est-à-dire au nouvel arrangement qui s'effectue sous nos yeux entre le monde réel, l'imaginaire, l'inconscient. Cette conscience qui se promène sur le monde, comme un regard distrait, le perçoit donc encore, mais en même temps lui donne une nouvelle forme. C'est un pouvoir de nommer à neuf, de refaire la trame du monde en la tissant de cette manière-ci pour la première fois.

---

1. *Tel Quel I*, dans *Œuvres II*, Paris, Éditions Gallimard, coll. «Bibliothèque de la Pléiade», 1960, p. 512-514.

Tout se passe donc comme s'il s'établissait entre des phénomènes de divers ordres une harmonie soudaine, une co-incidence, un lieu de rencontre, sans doute provoqué par la saisie éclairante d'une similarité à travers et malgré la diversité des éléments en présence. État chantant, au sens strict du terme, parce que, dans l'écart, dans la distance, se reconnaît une identité, donc un rythme, une mélodie.

Soit! L'inspiration est ce concert hasardeux qui monte du sujet, qui s'empare du chaos se trouvant en lui, hors de lui, et le fait sonner juste l'espace d'une phrase, d'un paragraphe, parce que se trouve convoqué le lien qui les réunit et les fait danser. C'est donner un sens à ce qui n'en avait pas, ou donner un sens nouveau à ce qui était figé dans la signification sociale. Parce que les choses, comme la vie elle-même, n'ont pas de sens autre que celui que leur confère le discours.

Mais comment appeler l'inspiration, quand rien ne s'écrit, quand rien ne vient – ces moments qui prouvent, s'il en est encore besoin, qu'on ne fait pas de littérature avec sa seule volonté et son seul travail logique! – comment reconstituer l'état particulier qui nous échappe la plupart du temps mais semble constituer une condition de l'écriture?

D'abord ne pas tenir la bride trop serrée... il faut une errance de l'attention, permettant à l'imaginaire de saisir l'occasion du réel et de poursuivre sa route. L'errance, c'est un flottement de l'attention qui ouvre deux voies d'accès à l'écriture: l'élaboration volontaire de ce qui va se dire ou est en train de se dire, et en même temps l'écoute de ce qui veut se dire, du discours possible, comme si la frontière entre le conscient et l'inconscient était brouillée, comme si, notamment chez le poète, l'axe de la syntaxe était constamment replongé dans la langue, retourné au paradigme qui appartient à la langue, au moment où s'effectuent les choix qui en feront une parole. C'est ce flottement entre la conscience de dire et le vouloir dire de l'inconscient (le « ça parle » de Lacan), entre les possibles de la langue et la réalisation de la parole, qui caractérise le mieux le discours littéraire.

En ce sens, la littérature est une parole qui ne se referme pas sur son objet, qui permet des fuites latérales, c'est un discours troué, à l'image du processus qui l'a produit. Troué, car il laisse fuir la signification de tout bord, au-delà de l'habituelle linéarité du langage. Autrement dit, la parole littéraire ne renonce pas à toucher au passage des objets multiples, même lorsqu'elle feint de poursuivre un objet unique ou principal.

C'est que chez les écrivains la parole naît trouée, parce que leur conscience n'y est pas le seul locuteur. En effet, grâce à cette attention flottante, il se produit de continuels échanges entre la conscience écrivante et l'inconscient, l'un amorçant le mouvement de l'autre et réciproquement, l'un nourrissant l'autre de ses questions et de ses solutions. La richesse des significations en littérature ne s'expliquerait pas autrement. Enfin, c'est dans la béance créée par cette incertitude de savoir qui parle, que se glisse le supplément de sens caractéristique du discours littéraire.

Mais en plus de brouiller les frontières entre conscient et inconscient, l'acte d'écrire semble nécessiter une autre sorte de brouillage ou, si l'on préfère, une collaboration assez inhabituelle entre deux antagonistes.

La psychologie et la neurologie contemporaines nous apprennent que nous possédons deux sortes de cerveaux, le gauche et le droit, dont les fonctions sont fort diverses et pour ainsi dire incompatibles. En plus de contrôler la moitié inverse du corps, ces deux hémisphères traitent en effet les informations qu'ils reçoivent de manière différente et il en résulte deux modes d'appréhension de la réalité.

> [...] le mode de fonctionnement de l'hémi-
> sphère gauche est de type verbal et analy-
> tique, tandis que le mode de fonctionnement
> de l'hémisphère droit est non verbal et global.
> [...] le mode de traitement des informations
> dans le cerveau droit est rapide, complexe,
> total, spatial et perceptif – mode d'opération
> qui, tout en étant très différent du mode ver-
> bal et analytique du cerveau gauche, se carac-
> térise néanmoins par une complexité aussi
> grande [2].

Il se trouve de plus que le cerveau gauche, raisonneur, déductif, objectif, inhibe habituellement le droit, plus fantaisiste, synthétique, anarchisant, parce qu'il est dominant du fait qu'y loge la faculté du langage et que toute l'éducation n'a fait que

---

2.   Betty Edwards, *Dessiner grâce au cerveau droit*, Bruxelles, Pierre Mardaga éditeur, 1979, chapitre 3 : « Votre cerveau côté gauche et côté droit » (sans pagination).

favoriser son développement au détriment de son vis-à-vis moins rationnel. C'est dire qu'aux yeux des psychologues, la créativité réside de toute évidence dans l'hémisphère droit du cerveau, qui procède par visions globales, par synthèses, par intuitions. Bref, c'est le cerveau droit qui repère l'unité du monde, unité dont le cerveau gauche pourra ensuite s'emparer pour la déplier le long de ses phrases, ou en diverses phases, dans l'accomplissement de l'œuvre.

On peut constater que la définition que donnait Valéry de l'état chantant recoupe entièrement les données de la psychologie moderne sur le fonctionnement du cerveau droit. Mais de le savoir nous avance-t-il dans l'écriture quotidienne? Il n'y a pas encore de recettes pour développer le recours au cerveau droit, sinon quelques exercices mis au point par les mêmes psychologues, que les artistes et les écrivains connaissent de toute manière. On se «branche» sur l'hémisphère droit par la pratique de l'écriture, l'habitude de l'écoute, une certaine détente qui laisse dialoguer le monde avec soi-même, le ça avec le moi, l'intuition de la forme et le langage. Je dis détente, à tout le moins abolition des censures de tous ordres, car c'est bien de cela qu'il s'agit, même si l'on est en mesure de constater que certaines formes de stress conduisent exactement au même résultat. Tout se passe alors comme si les frontières étaient ouvertes sinon abolies également entre cerveaux droit et gauche, contrairement à ce qui se produit dans le langage ordinaire, comme sont abolies les distances entre le savoir et le faire, confondus pour les besoins de la cause en un savoir-faire pratique, qui relève surtout du cerveau droit, c'est-à-dire du «mode analogique, ce qui peut se traduire par des aptitudes particulières dans les domaines de la synthèse, du concret, de l'émotion, de l'espace, du gestuel, du préverbal»[3]. C'est dans ce petit point mobile de l'attention distraite que tout se passe, ce petit grain de conscience flottante, qui perçoit ou se rappelle divers éléments qu'il intègre en une unité supérieure, sous la poussée du rythme, de l'expérience de vie, du rêve inconscient ou du désir de changer le monde.

Baudelaire, qui conseillait: «De vin, de poésie ou de vertu, à votre guise. Mais enivrez-vous.»[4], Balzac, qui se plongeait les pieds dans un baquet d'eau glacée, Rimbaud, qui prônait un «immense et raisonné *dérèglement* de *tous les sens*»[5], tous, ils tentaient seulement de faire taire un peu la voix rationnelle pour se mettre à l'écoute des autres voix, qui originent surtout de l'hémisphère droit du cerveau.

Écrire donc avec son cerveau droit, parce qu'il faut pour écrire un espace intérieur.

Cela dit, la créativité n'est pas la folie débridée. Elle obéit à ses lois propres, bien que ces lois ne soient pas analytiques.

En effet, la Créativité c'est la logique de la découverte. Ce n'est pas l'absence de logique,

---

3. Gilles Thérien, «Petite sémiologie de l'écriture», dans *Anatomie de l'écriture, Études françaises*, P.U.M., vol. XVIII, n° 1, 1982, p. 11.
4. *Le Spleen de Paris*, dans *Œuvres complètes*, Paris, Éditions Gallimard, coll. «Bibliothèque de la Pléiade», 1961, p. 286.
5. Arthur Rimbaud, Lettre à Paul Demeny, *Œuvres complètes*, Paris, Éditions Gallimard, coll. «Bibliothèque de la Pléiade», 1963, p. 270.

c'est une multilogique. Alors que le mode habituel de fonctionnement de l'intelligence, celui qu'on a essayé de nous enseigner, est déductif, relativement linéaire et en tout cas unilogique. Le fonctionnement de l'esprit dans l'acte de création, d'invention, de résolution de problème est divergent. Il emprunte différents chemins logiques, sans limitation[6].

Il semble donc que le processus créateur consiste en la saisie d'une synthèse nouvelle à partir d'éléments déjà présents à l'esprit, et que cette saisie s'effectue « de préférence dans une période de détente, de relâchement de la pensée logique »[7], ou mieux de relâchement de la pensée analytique.

Plutôt que de suivre la seule pensée analytique, il est souhaitable, il est nécessaire de s'égarer dans les processus associatifs, analogiques, oniriques, pour ensuite soumettre ces errances au jugement du cerveau gauche, à ses fonctions d'ordonnancement, de choix motivé, de développement, de rature.

J'ai toujours été amené pour ma part à distinguer deux temps ou mieux deux modes dans l'écriture proprement dite; le premier mode est de dérive, déversoir, tempête, où tout se brasse, où le scripteur laisse tout se dire comme cela se dit, et le second mode, de calcul, où l'auteur se relit, se réécrit, se récupère. Ces deux modes peuvent être presque

6. Hubert Jaoui, *Manuel de créativité pratique*, Paris, Éditions Épi, 1979, p. 139.
7. Colette Mathieu-Batsh, *Invitation à la créativité*, Paris, Les Éditions d'Organisation, 1983, p. 13.

simultanés (c'est pourquoi le mot « mode » convient mieux que le mot « temps »), l'un remplaçant l'autre après chaque phrase, ou chaque paragraphe, ou chaque unité plus grande, selon les habitudes de chacun. Mais il n'y a pas, à mon avis, de création littéraire sans ces deux mouvements de la pensée, auxquels la science attribue aujourd'hui un fondement neurologique.

Les genres littéraires

L'imagination créatrice n'est pourtant pas livrée à
elle-même, en toute liberté. Elle est soumise à des
contraintes formelles, à des prescriptions qu'im-
posent les cultures antérieures et contemporaines.
Contrairement à ce qu'on a prétendu ces dernières
années, les genres littéraires ne sont pas morts, bien
au contraire. C'est qu'ici on semble avoir confondu
deux notions pourtant antagonistes : d'un côté le
renouvellement des genres à la suite de transformations formelles, de l'autre leur désuétude présumée.
De tout ce brassage d'idées ressort la certitude que
les grands genres sont plus vivants que jamais, et on
peut établir quatre types de discours inaliénables : le
poétique, le narratif, le dramatique et l'essayistique.
La visée générale, les moyens esthétiques, les effets
de sens et les publics de ces grands genres montrent
à l'envi qu'ils n'ont pas grand-chose en commun et
qu'ils ne peuvent pas impunément emprunter beaucoup d'éléments les uns aux autres sans brouiller les
codes de communication. Quand Michel Tremblay

écrit une pièce de théâtre, il ne pense pas, il ne travaille pas comme lorsqu'il écrit un roman; quand Anne Hébert écrit un poème, son esprit ne fonctionne pas un instant comme si elle était en train de raconter une histoire.

L'écriture moderne a dépassé certaines normes, a fait glisser quelques procédés d'un genre dans l'autre, et pourquoi pas? Il faut admettre froidement que ça fonctionne quand l'auteur a eu la force créatrice d'inventer un langage capable d'unifier tous ces matériaux et de les plier à ses propres fins d'expression. Le même phénomène s'est produit dans la peinture moderne qui utilise tous les matériaux imaginables, le collage, le mouvement, etc. Tous les procédés sont cependant intégrés dans un discours original dont la visée et les significations sont encore lisibles. Le reste, c'est-à-dire les « œuvres » qui se donnent pour objectif le brouillage complet des genres, la construction du chaos sémantique, est souvent le produit d'une indigence esthétique, à moins qu'il ne soit prescrit par les besoins d'une recherche personnelle. Par euphémisme, on nommera cela des « exercices de laboratoire », car ils servent surtout à la délectation des chercheurs universitaires et à celle d'un public plus que restreint.

Examinons brièvement, quitte à passer pour archaïque, quelques pratiques contemporaines de la littérature.

La poésie

Selon l'expérience commune, le poème n'est pas un texte littéraire qui parle le même langage que les autres. Il y a, dans ce que nous appelons le discours poétique, une façon particulière d'utiliser la langue et de faire passer les significations.

Le poème ne raconte pas, ne décrit pas; il produit du sens, il pose des significations. Pour reprendre une vieille métaphore de Valéry, il est à la danse ce que la prose est à la marche[1], en ce sens que si l'on utilise la même langue, la française par exemple, la visée et la fonction de cette langue sont tout autres. Écrire un poème, c'est tout dire en une page de son rapport au monde et, pour arriver à ce message essentiel, l'auteur n'a pas le droit de s'égarer dans des détails ou des détours qui demandent un long cheminement avant de faire éclore la signification. Au contraire, le poète cherchera à faire signifier plusieurs choses au même mot, au même vers, de sorte que son discours prendra une expansion beaucoup plus grande que le modeste espace qui lui est attribué. Ce qui est construit dans le poème, c'est un objet multisémantique et symbolique, comme telle figure de danse peut signifier à la fois le geste amoureux, le désir, l'interdit, le rêve.

Si la poésie n'était que cela, nous serions tous poètes après quelques exercices bien menés. Déjà les Grecs anciens savaient que la poésie constituait le plus complexe et le plus mystérieux des arts. Et leur intuition paraît toujours juste quand on voit combien de théoriciens modernes se sont fourvoyés en voulant construire une théorie exhaustive du discours poétique. Car la poésie est aussi musique, c'est-

---

1.   «Poésie et pensée abstraite», dans *Œuvres*, t. I, Paris, Éditions Gallimard, coll. «Bibliothèque de la Pléiade», 1957, p. 1330-1331.

à-dire qu'elle va chercher dans le langage la partie matérielle sonore (le signifiant) pour construire, en même temps que le sens, une portée, un train d'ondes sonores, un rythme. Et le long de cette portée, elle égrène différentes nuances du son, voyelles, différentes attaques, consonnes et ponctuation. Il n'y a pas de poètes qui n'aient l'oreille musicienne. Et selon que les théoriciens de cette merveille penchent tantôt du côté du son, tantôt du côté du sens, ils nous dessinent des théories tronquées qui ont toutefois l'avantage de faire comprendre l'un ou l'autre aspect de la poésie.

Jean-Paul Sartre ne dit pas tout quand il écrit :

> En fait, le poète s'est retiré d'un seul coup du langage-instrument; il a choisi une fois pour toutes l'attitude poétique qui considère les mots comme des choses et non comme des signes [2].

Il n'a qu'à moitié raison. Oui, le poète considère les mots comme des choses quand il les pense en tant que rythme, couleurs, train d'ondes sonores; non, le poète ne s'arrête pas là, car il considère également les mots comme des signes, puisque ces mots continuent de signifier. Il cherche même à les doter d'un surcroît de signification par rapport au langage de la prose. Ce que Sartre veut dire, c'est que ce signe n'est plus univoque, qu'il n'est plus traversé vers une seule signification, soit !

---

2. *Qu'est-ce que la littérature?*, Paris, Éditions Gallimard, coll. «Idées», 1948, p. 18.

Là réside en effet l'ambiguïté fondamentale du signe poétique. C'est bel et bien un signe linguistique, dont le poète maximise la valeur, le poids sonore, mais c'est un signe brouillé sur le plan sémantique en ce sens qu'au lieu de marcher tout droit vers le signifié – «posez votre verre sur la table», où le signe *table* désigne une table –, il danse, il folâtre, il s'attarde dans la langue, dans le paradigme, c'est-à-dire qu'il reste accroché à tout ce qui ressemble à ce mot par le son ou par le sens. «Ton œil comme un feuillage», parce que dans *feuille* le mot *œil* est contenu phonétiquement, et pourquoi ne dériverait-on pas sur l'âge de l'œil avec le mot feuillage? Les mots comme des choses, oui, mais aussi les mots comme les chemins balisés de la signification multiple. Vers n'importe quoi, au hasard des associations personnelles? Non pas. Vers les significations que construit le système, la matrice particulière de ce poème. Le texte se charge en effet de guider le lecteur le long de ses propres chemins, notamment par le retour, la redondance, le renforcement.

Il y a poésie quand une similarité s'établit à plusieurs niveaux linguistiques. Ici, il y a parenté au niveau phonique (œil/feuill), et parenté au niveau sémantique: la forme de l'œil ressemble à celle de la feuille, pincée aux extrémités, avec cette adorable courbure. Souvent s'ajoutent, dans un poème plus long, des parallélismes syntaxiques et prosodiques.

Mais le poète a écrit «feuillage»! direz-vous. Justement. Ici commence un autre chemin de significations. Il ne s'agit pas de l'âge de l'œil, puisque le poète ne l'a pas confirmé par d'autres indices. Feuillage, parce qu'aussitôt on passe du côté du flou, du mouillé, c'est un regard ombré et tremblant, ou encore un œil dont irradie une lumière éclatée analogue à celle qui surgit d'un espace de feuilles sous le soleil. Qu'on ne prétende pas que la poésie ne signifie rien, c'est tout le contraire.

En d'autres termes, le signe poétique refuse de s'actualiser dans une parole déterminée par sa seule valeur de signe. Il demeure ouvert du côté de la langue, c'est-à-dire qu'il baigne toujours dans son paradigme, et c'est pourquoi, en poésie, la syntaxe aussi tend non plus à censurer (réduire) le sens, comme en prose, mais plutôt à l'ouvrir en coupant précisément les liens syntaxiques trop forts, les enchaînements, les subordinations, bref ce qui tient le mot en esclavage. Je ne crois pas pour autant au «mot en liberté», qui n'était qu'une image pour désigner, il me semble, l'ouverture du signe.

> [...] la poésie naît de l'application du rythme sur le langage [...]; elle est le langage plus autre chose qui n'est pas spécifiquement lin-guistique, et qui est le rythme, le rythme que l'on trouve dans le mouvement, la danse ou la musique, et qui, s'appliquant sur le langage, le soumet à une élaboration qui a le statut d'une véritable mutation. La poésie n'est pas, elle est le résultat d'une construction[3].

La mutation dont parle Molino ne serait-elle pas l'intervention déterminante du corps dans l'écriture, du corps qui possède la clé du rythme et transforme

---

3. Jean Molino et Joëlle Tamine, *Introduction à l'analyse linguistique de la poésie*, Paris, P.U.F., 1982, p. 8 et 9.

le langage en fine musique? Les mots se posent l'un
à côté de l'autre, en s'éclairant mutuellement de
reflets apparentés tant dans le son que dans le sens,
et la magie entre en scène.

> fragiles éclisses fichées dans les yeux
> tu dévides la mémoire et sa laine filée
> silence il finira ce silence il finira
> se lassera d'affûter ses crocs
> sur les mcules du temps ce silence[4]

« fragiles / fichées / dévides / filée / silence /
finira / lassera / silence »

Mais la magie apparaît aussi dans des poèmes qui
ont l'air d'avoir emprunté à la prose quelques-uns de
ses moyens:

> Sur le mur noir, il voit, immobile, la catas-
> trophe. Il plisse les paupières et voit. Il ne
> dort pas. Pas de sommeil possible même si on
> lui a dit *dors*. Il a vu, sans épaisseur, la catas-
> trophe, il regarde maintenant cette chambre
> habitée. Il n'a pas peur. Il reste là à attendre
> que quelque chose se produise, que la nuit
> recommence la nuit[5].

La poésie est bien le langage des dieux, parce que
c'est un langage improbable, qui se sert de la langue

---

4. Michel Beaulieu, *L'Octobre* suivi de *Dérives*, Montréal, Éditions de
    L'Hexagone, 1977, p. 9.
5. Louise Dupré, *Bonheur*, Montréal, Les Éditions du Rcmue-
    ménage, 1988, p. 9.

d'une façon inhabituelle, qui met en rapport des unités, provoque des rencontres que le système de la langue ne produit normalement que par hasard. On parle à bon droit d'un sixième sens d'ailleurs, pour écrire ou lire la poésie, un sixième sens qui permet à l'esprit et à la sensibilité de s'installer d'emblée dans ce fonctionnement multiple du langage.

Le conte et la nouvelle

J'essayerai de m'en tenir au conte contemporain, laissant aux spécialistes la définition du conte traditionnel qui pose des problèmes spécifiques.

Disons d'abord que le conte appartient au discours narratif, c'est-à-dire qu'il raconte quelque chose, contrairement à la poésie, et que cette histoire constitue l'essentiel de son message. Mais c'est une histoire syncopée, courant au plus pressé, ne retenant que les nœuds sur lesquels bifurque l'action. C'est une histoire qui rebondit à chaque ligne et s'en amuse, donc une histoire condensée. «Le lendemain matin...», «Dix ans plus tard...», et le lecteur attend avidement les transformations successives du sens et des situations, un peu l'équivalent de ce que l'adolescent souhaite lorsqu'il voit la bille cheminer et se heurter à des obstacles payants dans son billard électrique, sans qu'il puisse toujours résister à la tentation de l'aider dans son cheminement en secouant la machine. Le conteur aussi secoue la machine, soit la structure, pour arriver plus efficacement à ses fins.

La première fois, Monsieur Pas-d'Pouce avait mis sa main sur la table; la seconde fois, l'avait

gardée dans sa poche. La première fois, l'habitant s'était dit: «Voilà une main qui a connu la hache et la scie, une main rude et franche, venue à point pour me secourir.» Et il avait signé çà et là sur des papiers sans trop y regarder. La seconde fois, plus de main fraternelle, mais une chaîne en or, un ventre avantageux: Monsieur Pas-d'Pouce, négociant, exportateur de grains et de foin, qui lui réclame de l'argent. Or, de l'argent, c'est bien malheureux, le pauvre habitant n'en a pas.
– Je repasserai la semaine prochaine, dit le négociant.
– Repassez, Monsieur Pas-d'Pouce, vous êtes toujours le bienvenu.
La semaine suivante, l'habitant n'a pas une cenne de plus[6].

Remarquez comment le premier paragraphe, tout le conte en définitive, sera structuré par «la première fois» et «la seconde fois», qui incluent des attitudes psychologiques et des significations contrastées, et comment Ferron joue avec l'or et l'argent jusque dans les structures grammaticales: la conjonction «or» se trouve ici dans un environnement des plus drôles. Rien ne se perd dans le conte et tout se crée à mesure que le fil des mots tisse son réseau. Pour se payer, Monsieur Pas-d'Pouce emmènera la fille de l'habitant quelques paragraphes plus loin, puis il la

---

6. Jacques Ferron, *Contes. Édition intégrale, contes anglais, contes du pays incertain, contes inédits*, Montréal, Éditions Hurtubise HMH, 1972, p. 13.

donnera en mariage en usurpant le rôle du père, il assistera même à la noce puis, refermant sa main pas-de-pouce, il mettra «la noce dans sa poche» et s'en ira. Tout cela en une page et demie.

Le conte est donc régi par l'éthique de l'événement, il s'ouvre souvent sur un déséquilibre dont il tentera de restaurer l'état antérieur en recourant au merveilleux. Sur le plan formel, il se caractérise en général par sa brièveté, par des syncopes narratives ou des raccourcis temporels, par son style allusif, à larges traits. En bref, le conte emprunte à la poésie ses procédés de condensation mais pour les soumettre à l'ordre narratif.

On constatera facilement que le conte moderne est souvent réaliste (Maupassant, Thériault, Ferron), et comme l'idée de conte est associée à celle de merveilleux, est-ce dire qu'il ne s'agit plus de contes mais de nouvelles? Ces petits textes demeurent des contes à cause de l'écriture et du traitement du matériau. On voit comment Jacques Ferron, par exemple, part souvent de prétextes réalistes pour glisser finalement dans le merveilleux, et tout se passe comme si c'était le genre qui le poussait dans cette direction, tout contenu étant forcément rapatrié dans l'univers merveilleux ou transformé à son contact, puisque c'est de cet univers qu'il tirera l'essentiel de ses moyens et de ses significations.

[...] la Nouvelle et le Conte sont également des Formes; mais les lois «de formation» de la nouvelle sont telles qu'elle peut donner un visage cohérent à tout incident, rapporté, réel ou inventé, pourvu qu'il ait pour caractéristique spécifique d'être frappant; les lois de formation du conte sont telles que, toutes les fois qu'on le transporte dans l'univers, celui-ci se transforme selon un principe qui ne règne que dans cette forme et n'est déterminant que pour elle[7].

La poésie transforme le langage en substance poétique, c'est-à-dire en objets polysémiques; le conte transforme les objets du monde en son propre univers, où règnent la fantaisie, la surprise, les liens inattendus entre les choses, en un mot le merveilleux. Pour écrire des contes, il faut cette capacité d'émerveillement devant n'importe quoi, cette capacité d'étonner par l'écriture.

Le nouvelle, pour sa part, est plus difficile à définir parce que le genre est mouvant et, comme pour tous les autres genres à vrai dire, on peut chaque fois exhiber un texte qui contredit les lois que l'on est en train de vouloir instaurer. Cela prouve bien que les écrivains ont toujours eu une certaine liberté par rapport aux prescriptions des genres littéraires.

Une nouvelle est en général la relation d'un événement dramatique, unifié, vécu par un ou quelques personnages. Je dis dramatique en ce sens que les péripéties se succèdent à vive allure et revêtent un caractère net et tranchant; l'événement est unifié en ceci que la nouvelle ne tolère pas les digressions ni rien qui ne fasse immédiatement

---

7. André Jolles, *Formes simples*, Paris, Éditions du Seuil, coll. «Poétique», 1972, p. 185.

progresser l'action: le faisceau des faits y est tissé de façon serrée. Étant donné enfin qu'elle est une forme brève, elle ne peut embrasser avec vraisemblance que le destin de quelques personnages, dans une histoire somme toute assez simple, dont les articulations en tout cas sont limitées.

Comme dans tous les récits, les faits racontés peuvent être inspirés du réel ou être purement imaginaires; toutefois, ils prennent souvent dans la nouvelle une saveur véridique, parce que ce type de narration produit beaucoup d'effets de réel, contrairement à ce qui se passe dans l'écriture du conte. Qu'il soit vrai ou inventé, le récit se donne ici pour véridique, ou mieux il tend à faire croire qu'il est non seulement vraisemblable mais vrai, d'où l'emploi fréquent du passé simple, de la troisième personne, l'usage privilégié des rapports métonymiques plutôt que métaphoriques, tous procédés visant à renforcer l'effet de réel.

Un des problèmes posés par la nouvelle réside dans le critère de la brièveté. Il convient d'entendre que cette brièveté n'est pas nécessairement matérielle, puisque l'on trouve des nouvelles de trois pages, d'autres de vingt, trente ou même soixante pages. Deux paramètres caractérisent à mon avis la brièveté de la nouvelle: il y une brièveté dans la structure dramatique d'abord, qui vise à tout centrer sur un événement déterminant et à ne retenir que les aspects essentiels à l'action; c'est une brièveté de contenu. Puis il y a une brièveté stylistique, soit un art de faire succinct, de raconter en raccourci, d'aller droit au but en utilisant les moyens les plus économiques. C'est pourquoi on dit souvent, pour recouper ces deux aspects de la question, que la nouvelle est tendue vers sa fin, se déploie en ligne droite, qu'elle est tout entière soumise à une «urgence de dire»[8] qui la précipite à son dénouement tout en lui fournissant cette manière particulière de dire les choses. Ce serait une écriture d'urgence, d'une densité assez proche de celle du conte, où rien n'est gratuit, où chaque fragment semble muni d'amplificateurs qui répercuteront en temps et lieu les effets de ce mot, de ce choix, de cette petite phrase.

> Vers midi, en sortant de son bureau à l'université, l'éminent professeur Tippett trouva une contravention sur le pare-brise de sa voiture. Il s'était garé comme d'habitude dans l'aire de stationnement réservée au personnel. Pour obtenir ce droit, il avait d'ailleurs dû acheter à prix fort une carte annuelle de parking. Mais ce jour-là il était en retard et, toutes les places étant prises, il avait commis une légère infraction en laissant son véhicule sur un coin de pelouse.
> Malgré l'insignifiance du montant à payer, l'honorable penseur bondit d'indignation[9].

On assistera ensuite à l'explosion d'un scandale digne du talent de «l'honorable penseur». C'est bizarre, c'est égocentrique, c'est m'as-tu-vu, mais ça sonne juste.

---

8. Selon le mot d'André Carpentier.
9. Gaétan Brulotte, «La contravention», dans *Ce qui nous tient*, Montréal, Les Éditions Leméac, 1988, p. 53-59.

Voilà donc un genre beaucoup plus exigeant qu'il n'y paraît à première vue et que l'on doit surtout se garder de prendre, comme le fait Larousse, pour un roman de moindre longueur. Un roman où l'auteur a manqué de souffle ne fera jamais une bonne nouvelle, parce que ces deux types d'écriture ne sont pas compatibles.

Le roman

À l'origine, le terme «roman» désignait un ouvrage écrit en langue romane ou vulgaire, par opposition aux ouvrages rédigés en latin. C'est déjà un indice de la nature du discours romanesque qui ne se démentira pas du XVIe au XXe siècle, de Rabelais à Joyce. Le roman entretient en effet un rapport particulier à la langue, comme nous le verrons ci-après.

Disons d'abord qu'il s'agit d'un récit de fiction – différant en cela des récits historique, autobiographique ou de forme apparentée –, mettant en scène un univers complexe où résonnent de nombreuses voix. Rien n'interdit au romancier de recourir à des faits réels, mais ils seront présentés comme des faits inventés ou imaginaires, parce qu'ils seront transformés par le pacte fictif qui régit ce genre. Quand on dit d'un roman qu'il parle correctement d'une époque, on ne veut pas dire qu'il réécrit l'histoire de cette époque mais bien que le système fictif interpelle, à l'aide des moyens qui lui sont propres et qui appartiennent à l'ordre de la fiction, interpelle donc le monde réel de multiples façons. Il y a dans l'écriture littéraire en général, et particulièrement dans celle du roman, un étrange paradoxe: ces formes avouent d'emblée n'être que des fictions, c'est-à-dire des histoires inventées par un auteur, mais qui prétendent du même coup parler de la réalité, la vraie réalité, sociale, individuelle ou culturelle. Et quel lecteur profane, en effet, lisant un roman qu'il sait être une fiction, serait tenté de dire que ce qu'il lit n'est pas vrai? Je ne parle pas ici du vaste problème de la vraisemblance qui impose à l'auteur d'avoir l'air de parler juste de quelque chose de possible sinon de réellement vécu pour que le contrat de lecture fonctionne, je parle bien de la vérité du texte par rapport à ce que le lecteur imagine de la réalité. Autrement dit, si les auteurs inventent, ils inventent la plupart du temps dans le prolongement de la réalité, pour ne pas dire sous la dictée du réel; quand ils inventent, ils sont dans l'imagination du réel, dans le réel libéré des contraintes historiques tel que l'interprète leur conscience. C'est pourquoi l'œuvre littéraire, par d'autres moyens bien sûr, a autant de chances de parler du monde qui nous entoure que le discours historique ou même scientifique.

Le roman, donc. Le roman est protéiforme, c'est-à-dire qu'il s'adapte à toutes sortes de sous-genres sans perdre sa qualité essentielle de roman. Voilà peut-être d'ailleurs ce qui explique sa traversée des siècles et sa popularité sans faille. Grâce à cette faculté d'adaptation, si l'on peut dire, à diverses esthétiques et à divers genres, il sera tantôt roman d'aventures, roman historique, roman de mœurs, tantôt roman psychologique, roman réaliste, roman moderne... De plus le roman peut être considéré comme une forme ogresse, c'est-à-dire qui intègre à sa substance à peu près n'importe quoi, de la poésie à la musique, du tableau à la scène dramatique.

Cette souplesse lui vient de ce qu'il est un récit symphonique, faisant «consonner» de multiples événements, de nombreux personnages, plusieurs langages, divers espaces, divers temps. Je dis «consonner» en ce sens qu'il ne s'agit pas d'un magma de choses hétéroclites mais bien d'un arrangement rigoureux de tous ces matériaux en vue de produire un effet particulier, que je compare ici à la consonance en musique.

Écrire un roman – qui n'est pas une nouvelle allongée, on s'en doute –, c'est trouver un ton, bien sûr, mais surtout un langage suffisamment puissant pour intégrer justement tout l'hétérogène dans un rapport harmonieux, un rapport de sens. Quand un chapitre nous paraît trop long, c'est peut-être que son rôle par rapport à l'ensemble du texte a été mal calculé; quand une scène paraît trop courte au lecteur, c'est peut-être que l'auteur a cru bon de lui retirer la parole avant qu'elle ait donné tout son sens; quand un passage surprend au point de faire tomber le livre des mains, c'est peut-être qu'il se trompe de texte, qu'il détonne par la couleur, le timbre, le thème. Tout avaler, oui, mais à la condition de le transformer en sa propre substance.

Mais il y a plus passionnant encore dans le discours romanesque, et qui fonde sans doute son rapport privilégié aux formes sociales. Le roman est en effet un récit à plusieurs voix, où des voix différentes se font entendre, dans leur langage propre, avec leur timbre particulier. C'est un mauvais roman que celui qui fait parler le médecin comme l'ouvrier, le pêcheur comme l'intellectuel. Et ne parlons pas de ces textes qui ne sont de nulle part, ni de ces autres dont l'action se déroulerait à Saint-Tite-des-Caps, par exemple, et qui tenteraient néanmoins d'imiter la parlure parisienne.

Si la poésie a été définie par Valéry comme «un langage dans un langage», le roman l'a été, lui, par Mikhaïl Bakhtine, comme «un *dialogue de langages*»[10]. Voilà pour moi une découverte fondamentale qui rend l'écriture romanesque possible au Québec, sans fausses pudeurs, sans la peur de se faire taper sur les doigts par les garde-chiourmes de la pureté de la langue.

Afin d'en arriver à plus de clarté sur cette question capitale, je me permets une longue citation de Bakhtine:

> Le langage du prosateur se dispose sur des degrés plus ou moins rapprochés de l'auteur et de son instance sémantique dernière: certains éléments de son langage expriment franchement et directement (comme en poésie) les intentions de sens et d'expression de l'auteur, d'autres les réfractent; sans se solidariser totalement avec ces discours, il les accentue de façon particulière (humoristique, ironique, parodique, etc.), d'autres éléments s'écartent de plus en plus de son instance sémantique dernière et réfractent plus violemment encore ses intentions; il y en a, enfin,

---

10. *Esthétique et théorie du roman*, Paris, Éditions Gallimard, 1978, p. 115.

qui sont complètement privés des intentions
de l'auteur: il ne s'exprime pas en eux (en
tant qu'auteur) mais les *montre* comme une
chose verbale originale; pour lui, ils sont
entièrement objectivés. Aussi, la stratification
du langage en genres, professions, sociétés
(au sens étroit), visions du monde, orienta-
tions, individualités, et son plurilinguisme
social (dialectes) en pénétrant dans le roman
s'y ordonne de façon spéciale, y devient un
système littéraire original qui orchestre le
thème intentionnel de l'auteur[11].

Dans cette merveilleuse analyse de Bakhtine, toute
pratique romanesque est incluse, depuis les premiers
romans importants jusqu'à ceux de Kundera et de
Musil, par exemple. On voit qu'il ne suffit pas d'écrire
n'importe quoi, ni surtout de se contenter d'écrire
comme le monde parle, encore faut-il intégrer ces
éléments dans un système signifiant. Mais j'ajouterais
ceci: pour que le langage des autres ait un sens dans
une œuvre, il faut d'abord que l'auteur-narrateur se
soit doté d'un langage à lui, à la fois précis, correct,
avec son style et ses intonations personnelles, de
manière que les langages des autres viennent s'y
heurter, s'y réfléchir, pour se mettre à signifier par
contraste ou simple différence. Car si l'auteur-
narrateur parle comme son personnage ouvrier, ou
comme son personnage magistrat, comment savoir
qui parle? Et où est l'intérêt, le sens, la vraisemblance,
la vérité du texte? Où est la symphonie?

---

11. *Ibid.*, p. 119.

Je serais tenté de conclure que l'écriture jouale, qui s'étendait jusque dans la narration, n'est qu'une curiosité historique, une aberration formelle. Il n'y a plus dialogue de langages dès lors qu'il n'y a plus qu'un seul langage, exactement comme dans le cas de l'écriture abstraite, de nulle part, neutre et prétentieuse.

Ces considérations faites, on verra facilement pourquoi on n'écrit pas un roman sans avoir pris une certaine distance par rapport à soi. C'est là sans doute que réside la principale difficulté du genre: être suffisamment à l'écoute des autres pour leur donner la parole à eux, plutôt que d'essayer de parler par leur bouche. Il est ici question de maturité sans doute, qui vient plus vite aux uns qu'aux autres.

J'ai toujours trouvé instructif le passage de la poésie au roman que tentent quelques poètes. L'écriture poétique les avait habitués à se tenir au plus près de soi, dans la rumeur de leur sensibilité propre. Passant au roman, ils en gardent encore quelque chose et sont souvent incapables d'entendre la voix des autres autour d'eux, la voix particulière de chacun de leurs personnages. Cela donne parfois des romans abstraits, c'est-à-dire mauvais, au début de l'exercice à tout le moins. Je ne prétends pas qu'on doive respecter à tout prix les anciennes prescriptions des genres littéraires, bien au contraire, mais je constate qu'on ne passe pas si facilement de l'un à l'autre et surtout qu'on ne mélange pas poésie et roman sans y laisser quelques plumes. Si on veut se lancer dans cette aventure, on a avantage à comprendre que les lois de ces deux types d'écriture ne sont compatibles qu'à certaines conditions. Les exigences du discours poétique sont telles qu'elles résistent aux lois fondamentales du discours narratif, et inversement. La fusion des deux n'est donc possible que si la matrice de l'un demeure dominante et assimile certains procédés de l'autre. À cette condition seulement on pourra dire de l'œuvre qu'elle réussit, qu'elle atteint son objectif de communication en passant par des sentiers originaux. Rien n'empêche un auteur en effet, dans la pratique contemporaine des genres, de produire un texte poétique en racontant des choses; c'est qu'alors la fonction narrative est subordonnée à la fonction poétique, elle ne constitue que l'un de ses moyens, et l'effet de sens produit par la scène narrée est à décoder selon les mêmes paramètres que les autres éléments poétiques: il s'agit d'une sorte d'image dont on doit lire le sens symbolique, et non d'un discours renvoyant à un référent précis. De la même façon, rien n'interdit à un auteur de prose de recourir à la quantité de procédés poétiques qu'il voudra, dans la mesure où il subordonne ces procédés à la vision narrative, dans la mesure où son langage narratif est assez puissant pour plier à ses propres fins ces procédés qui pourraient sembler hétérogènes. Il est légitime d'appliquer le même raisonnement à ces romans qui se situent à la frontière de l'essai et qui fonctionnent comme romans aussi longtemps qu'ils donnent à voir, qu'ils mettent quelque chose et quelqu'un en scène. S'ils cessent de montrer ou de raconter ces vies expérimentales, c'est qu'ils ont franchi la frontière du côté de l'essai et leurs auteurs s'attireraient davantage la confiance du public en le laissant savoir.

Vive le roman roman, donc, cette symphonie qui fait vibrer les langages et met en scène un peu de la complexité du monde, avec nos valeurs, nos désirs, nos passés, notre avenir et nos gestes quotidiens ou tragiques.

Le théâtre

Je ne parlerai pas de l'écriture dramatique, que d'autres connaissent mieux que moi, sinon pour dire ceci : contrairement au romancier, l'écrivain de théâtre ne dispose pas de la structure narrative pour raconter, pour faire voir ce qu'il veut dire. Il écrit en imaginant déjà son discours dans la bouche d'intermédiaires, ses personnages, et parfois même dans la bouche des comédiennes et des comédiens qui parleront pour ses personnages. C'est une première contrainte spécifique qui l'empêche d'occuper la position de narrateur, à partir de laquelle il pourrait intervenir, corriger le tir, en bref exercer ses fonctions de régie. Au théâtre, tout le texte sera dans la bouche des autres, prononcé par eux, et c'est là seulement qu'il prendra son sens concret. C'est donc une écriture « déléguée », téléportée en quelque sorte. On est assez loin du moi et de ses préoccupations narcissiques. Écrire pour le théâtre suppose que l'on fasse parler les autres et même que tout passe par le discours des autres. Cela ne m'empêche pas à la limite de créer un personnage qui sera mon porte-parole, mais il le sera en tant qu'autre, tout à fait distinct de moi, l'auteur, qui ne suis pas sur la scène. De la même manière, l'auteur dramatique n'a qu'un moyen pour faire évoluer l'action, pour dire, pour décrire, pour raconter: l'échange de paroles, le dialogue. En d'autres termes, toute l'action au théâtre passe par le langage, par la parole échangée là, devant moi, sur le vif. Même le monologue est encore un dialogue intérieur. Qu'est-ce à dire? Cela signifie que le discours dramatique lui-même est action, c'est lui qui porte tous les changements psychologiques, temporels, événementiels dans sa structure même. Il n'y a pas d'autres supports (à part ceux que l'on nomme justement accessoires). Plutôt que de ramasser l'action en un seul faisceau unifié (dans le roman par exemple, grâce à la narration), l'écriture dramatique se trouve de la sorte à fractionner l'action, à en confier une part à chacune des voix dialoguantes. On dirait un immense puzzle mobile dont chaque personnage détient une certaine quantité de pièces qu'il devra venir déposer à la bonne place, au bon moment, pour que la magie du sens surgisse. On imaginera facilement que tout objet de parole qui ne possède ni la bonne couleur (le ton), ni la bonne forme (dramatique), ni la bonne dimension, aura bien de la peine à trouver sa place correcte dans cet assemblage rigoureux.

Il serait possible aussi d'analyser d'une façon analogue l'écriture cinématographique, qui possède ses moyens, gigantesques, et ses contraintes, et ses sources de renouvellement.

L'essai

Écrivain et/ou professeur! Vous vous souvenez de la double particule qui donnait dans la profondeur parce qu'elle posait une relation alternativement contradictoire et complémentaire, ou les deux à la fois, entre deux termes, et de ce que l'on a surnommé la pensée oblique? Nous y voilà à plein, dans la pensée oblique.

Les conditions qui sont faites à l'écrivain québécois sont difficiles, puisqu'il peut très rarement vivre de sa plume étant donné notre bassin démographique, la barrière de la langue au sud et la barrière culturelle outre-Atlantique. Il sera donc tout à la fois écrivain et/ou notaire, ou médecin, ou cinéaste ou professeur. Cela morcelle bien sûr son travail et le force à produire moins et/ou différemment sur le plan littéraire. S'il n'a pas hérité de la comtesse, comment l'écrivain pourrait-il en effet gagner sa vie? Ce n'est pas à cela que j'en ai, mais à un autre phénomène. Profitant de la mode du décloisonnement des genres et de courants intellectualistes d'origine européenne, beaucoup de professeurs se sont proclamés écrivains du fait qu'ils écrivaient des thèses ou des essais – à l'autre extrême, les auteurs de livres de recettes en faisaient autant. Cette revendication n'est pas complètement sotte, elle mérite en tout cas d'être éclairée, mais elle me semble en même temps (et/ou) poser une question de légitimité sinon d'usurpation de fonction.

Il y a divers modes d'appréhension du réel et de production de discours qui n'ont rien en commun sauf certaines aptitudes de créativité, qui sont partagées à doses variables par le poète, l'essayiste ou le savant, ou par celui qui se rend tout simplement à son travail le matin et qui doit imaginer d'avance ou à mesure son parcours afin de pouvoir ensuite prendre les bonnes rues et parvenir à sa destination.

Sans cette faculté d'imaginer et de créer notre chemin, notre vie serait celle des bêtes ou des ordinateurs attendant l'ordre d'attaquer ou de se mettre en marche.

Mais lorsqu'on parle d'écrivains ou d'artistes, on entend habituellement ceux qui produisent des mondes symboliques représentant de façon plus ou moins serrée divers aspects de la réalité, et non pas ceux qui interprètent ou lisent le sens des textes ou du monde réel à travers ses discours et ses autres manifestations. L'intellectuel cherche le sens des objets qu'il prend en charge et il produit un discours qui en rend compte. En cela il est admirable et nécessaire puisqu'il décrypte le sens demeuré jusque-là enveloppé dans le chaos des choses et des manifestations sociales; il dégage donc un sens qui n'était pas de soi perceptible. L'écrivain, lui, produit des objets qui ont un sens potentiel, il se contente en général d'organiser le chaos, d'y introduire des formes, mais il ne va pas, écrivant de la fiction, jusqu'à dégager des lois ou lire les lois du chaos, ce qui est le propre de l'intellectuel et du savant. Ce sont là deux visées complètement distinctes, et je me demande parfois si ce n'est pas faute de les avoir bien identifiées qu'on en est arrivé à produire et à lire tant de voix de fausset, voix de tête, qui prétendent appartenir en dépit de tout à la littérature.

Car la seule intelligence des choses, si elle satisfait l'essayiste, ne suffit pas pour produire une œuvre littéraire. Il faut encore le sens artistique, c'est-à-dire le sens de la production des formes et non plus le sens de la lecture des formes. Oui, bien sûr, et / ou. Quand on écrit, on lit, on lit d'abord ce qu'on écrit, et en ce sens je dirais «Tant vaut le critique, tant vaut l'écrivain», mais quand on lit, on n'écrit pas nécessairement, tout le problème est là. L'essai me paraît donc carrément du côté de l'intelligence et de l'explication des choses, et accessoirement du côté de l'écriture pour des raisons didactiques; tandis que l'écriture littéraire se situe principalement du côté de la production des discours et des formes, et accessoirement du côté de l'explication des choses. Certains intellectuels ont tôt fait d'en conclure que, pour écrire de la fiction, il faut être un peu bêtes, et que plusieurs de nos romanciers sombrent dans l'anti-intellectualisme, sans doute du fait que ces derniers aiment bien taquiner les intellectuels en peignant d'eux des portraits qui ne sont pas toujours flatteurs. Plus sérieusement, il me semble qu'il y a ici un malentendu entre les intellectuels et les écrivains, les premiers croyant à tort que les seconds s'amusent, et réciproquement. C'est que les deux groupes prétendent à l'intelligence des choses, laquelle n'est qu'un préalable à l'écriture juste dans le cas de l'écrivain, alors que la même intelligence des choses occupe une position centrale dans la finalité et dans l'organisation de la pensée chez l'essayiste.

L'essai consistera finalement en un discours sur quelque chose, c'est-à-dire qu'il est un métadiscours, soit tout le contraire de la fiction romanesque, par exemple, qui produit le discours de, qui met en scène, qui ré-organise souvent le discours des autres dans un objet signifiant mais n'a certes pas pour objectif premier d'en expliquer le sens ni d'en expliciter le fonctionnement. *Age quod agis!* Libre à chacun de tenter les mélanges qu'il voudra bien, pourvu qu'ils soient intégrés au point de ne produire qu'une seule et même explosion. Est-il vraiment nécessaire de poursuivre?

Tout ceci pour dire finalement que si les contenus ne pardonnent pas, les formes aussi sont sans pitié, et que de livres ont été gâchés parce que faisaient défaut cet ajustement, cette vision du tout dans ses parties et des parties dans le tout, ou cette visée principale, ou ce sens de la production de discours en tant qu'objets et non plus seulement en tant que significations. Et je dirais enfin qu'il ne suffit pas tant d'écrire pour respecter les genres littéraires mais qu'il faut plutôt maîtriser les genres pour les faire parler à la limite de leurs moyens, si l'on veut arriver un jour à les dépasser.

Le fragment et l'avancée du texte

Dans *The Art of Fiction*[1], John Gardner insiste avec raison sur l'écriture par fragments ou par scènes, de manière à accorder à ce passage particulier toute l'attention nécessaire à son achèvement, comme s'il formait une unité complète en soi. Le mérite de cette formule revient à éviter de glisser négligemment sur des éléments du récit qui, sans cette attention particulière, ne donneraient pas toute leur mesure et aboutiraient à de l'écriture superficielle ou relâchée, le scripteur en perdant la maîtrise.

Penser chaque scène, chaque dialogue, chaque épisode comme un moment nécessaire à l'avancée du récit; lui faire dire tout ce qui est absolument utile, mais seulement cela, de manière qu'en ouvrant le livre au hasard, un lecteur voie cette scène, en comprenne le sens même si elle est très courte; bref traiter la partie comme un tout cohérent et vraisemblable.

1. John Gardner, *The Art of Fiction, Notes on Craft for Young Writers*, New York, Éditions Alfred A. Knopf, 1984.

Pour que ce découpage, cette écriture à la carte fonctionne, il y a toutefois une condition essentielle: le fragment, aussi complet qu'il puisse sembler, doit s'intégrer tout aussi fortement à l'ensemble du texte, en dépendre pour son style, sa langue, son ton, être inextricablement lié à l'intrigue, au caractère des personnages, à la structure globale. Sinon la concision recherchée se transforme en dispersion, et l'ensemble du texte n'arrive plus à produire son effet global.

Dans les processus de créativité, la psychologie, ou mieux l'analyse transactionnelle, distingue cinq phases, soit: la perception, l'analyse, l'invention, la décision, l'application (ou production)[2]. Il va de soi qu'il n'y a rien, dans l'écriture ou la production d'une œuvre d'art, qui ressemble de près ou de loin à une succession de ces phases dans le temps. Il n'y a pas une «étape» de la perception, suivie d'une «étape» d'analyse, etc. Ces phases sont toutes présentes à la fois dans chacune d'elles, et elles agissent en permanence, même si l'accent peut être mis provisoirement sur l'une d'entre elles.

Le terme «phase» prête à confusion, car il sous-entend l'idée de successivité de phénomènes de nature différente, l'idée d'avant et d'après, qui se révèle complètement fausse en ce qui concerne le processus créateur à l'œuvre dans le travail artistique. Dans la rédaction d'un texte, en effet, il y a encore perception, analyse, invention, décision. Tout se passe comme si la tension créatrice voyageait

---

2. Hubert Jaoui, *Manuel de créativité pratique*, Paris, Éditions Épi, 1979.

continuellement de l'un à l'autre, en tenant toujours à portée de la main, si l'on peut dire, la totalité du processus.

En rédigeant le mot à mot, je suis à l'intérieur d'un sujet déjà conçu qui oriente ma phrase, et chaque phrase se répercute à son tour sur l'ensemble auquel elle peut imposer des modifications.

Disons que le texte vient d'abord par une phrase, une scène décrivant une situation, – c'est souvent le cas! – cette situation est aussitôt perçue comme partie d'un ensemble, lequel devra s'intégrer à la totalité du texte. C'est la pierre, et la courbe, dans le dessin architectural. De cela peut naître un sujet, un plan. Mais revenons à l'écriture. Cette phrase est prise aussitôt qu'écrite dans un ensemble qui la détermine et qu'elle détermine. Elle précipite le texte, comme le précipité chimique, lui conférant d'un seul coup sa couleur et son mouvement. D'où l'impression d'achèvement quand le texte trouve son équilibre définitif: on a le sentiment que rien ne peut être ajouté ni retranché sans altérer l'intégrité du texte. C'est une impression, car on pourrait changer la phrase en question, et conséquemment une ou des parties du texte, jusqu'à recréer un nouvel équilibre.

Ce principe de l'élément lié peut paraître abstrait, et il serait plus facile de le comprendre si nous l'appliquions à la couleur. On voit tout de suite pourquoi on ne peut pas changer une couleur dans un tableau sans que cela se répercute sur l'ensemble: le tableau risquerait alors de perdre la base même de son harmonie. Il en va de même pour le texte quand on parle du ton, de la langue (ou des langues), des thèmes et de la structure générale qui s'éclairent de reflets réciproques et se tissent, se trament, dans l'écriture.

L'écrivain se trouve ainsi constamment à la charnière du passé et de l'avenir de son texte. «Écrire, c'est prévoir»[3], disait Valéry, voulant sans doute signifier par cette brève expression «voir d'avance». Il n'y a de présent que les quelques secondes pendant lesquelles l'écrivain écrit le mot à mot de telle phrase. En d'autres termes, il ne peut écrire ce mot qu'en le dépassant vers l'à-venir de son texte, et il n'a pu l'écrire qu'en s'appuyant sur une idée, aussi vague fût-elle, de l'ensemble à l'intérieur duquel il se situe, en ayant en même temps conscience du passé de son texte, c'est-à-dire de ce qui s'est écrit jusque-là. Il n'y a pas une conscience rationnelle qui pourrait venir à bout de tant de données et de contraintes simultanées; c'est pourquoi je prétends que la créativité, l'inventivité, est un processus beaucoup trop complexe pour n'être pas pris en charge par autre chose que le conscient. S'il y a un ordinateur dans l'être humain, ce n'est pas du côté des fonctions rationnelles du cerveau qu'on doit le chercher, mais bien plutôt du côté de l'inconscient et des liens qu'il entretient avec la mémoire.

Prenons un exemple: j'écris un texte et je sens tout à coup le besoin absolu de me rapprocher d'un personnage, ce que ne me permet pas suffisamment ma présente structure. Je vois tout à coup la forme «journal intime» comme solution possible, et puis

---

3. Paul Valéry, *Tel quel*, dans *Œuvres*, t. II, Paris, Éditions Gallimard, coll. «Bibliothèque de la Pléiade», 1960, p. 625.

plus rien, je pense à autre chose et je continue. Lorsque l'idée du journal intime refera surface, ce ne sera plus sous l'aspect de la structure mais sous l'aspect d'un paragraphe déjà intégré à la forme du journal intime. Tout se passe comme si l'inconscient avait continué de travailler sur l'hypothèse du journal intime pendant que j'écrivais autre chose, qu'il avait mûri l'idée, avait même établi des rapports entre le besoin textuel et les ressources de cette forme, avait enfin produit un extrait de texte exemplaire sous cette nouvelle contrainte.

Autrement dit, il y a un rapport dialectique constant entre forme et contenu, entre micro-écriture et structure générale, entre conception et réalisation, et sans doute jamais de rapport de succession temporelle. La forme du journal, pour reprendre cet exemple, est venue de l'écriture qui cherchait un moyen d'accéder à la conscience intime d'un personnage pour aller plus loin dans sa description, et à son tour la forme du journal impose à l'écriture ses contraintes et ses avantages, et transforme la structure générale de l'œuvre.

Le plan

Et pourtant! L'écrivain confronté à un texte d'une certaine envergure, un long récit ou un roman, peut-il tout écrire au fil de la plume, selon l'inspiration du moment? Je ne le crois pas. Sinon comment arrivera-t-il à contraindre cette phrase, qui surgit six mois après la première phrase du premier chapitre, à épouser le même rythme, le même ton, la même atmosphère?

Qu'on se rassure tout de suite, le plan n'est pas une bien grande contrainte, et au lieu de brimer l'élan créateur, il le libère plutôt. C'est en effet à l'intérieur de ce cadre librement accepté, qui m'aide à maintenir le cap, qui me sert de garde-fou, que je peux libérer ma fantaisie créatrice, d'autant plus facilement que je sais dans quelle direction éclater. J'oriente simplement l'explosion.

Il n'y a pas d'écrivain de prose qui n'obéisse à une direction, à une stratégie, qui n'entrevoie d'avance son chemin, même s'il n'a pas rédigé sur papier les détails d'un plan laborieux. Et si certains prétendent l'inventer à mesure, ils veulent dire qu'ils éclairent au fur et à mesure les détails qu'ils prennent en charge, mais ils ont déjà forcément aperçu le lointain du texte, sinon ils ne pourraient pas avancer d'une ligne.

Établir des balises, un plan de route, n'est pas si contraignant. C'est au contraire l'écriture du détail qui, par ce choix immédiat, conditionne le texte cent pages plus loin. Elle est là, la contrainte majeure. Car si l'écriture s'éloigne du cheminement rationnel pour mimer plutôt les processus naturels – elle semble procéder par tâtonnements prospectifs, bourgeonne-ments, croissance linéaire, concaténations, reprises, dispersions, éclatements –, ses choix, une fois posés, contraignent la suite et l'ensemble du texte, ils tissent malgré nous les fils d'un plan. Autant le dégager dès que possible, ce plan, et soulager l'écriture de ce fardeau supplémentaire.

Comme le montre l'étude des manuscrits des grands auteurs, le texte avance en faisant flèche de tout bois. Tantôt c'est une structure vide qui indique le rythme d'une pensée encore à naître, tantôt c'est une articulation rhétorique, tantôt une idée, une image, une scène toute donnée. Arrêtons-nous un instant à une phrase d'un brouillon d'*Hérodias*, qui indique comment le mouvement du texte précède parfois l'écriture. Sous l'emprise d'un rythme qu'il voulait à tout prix marquer, Flaubert avait d'abord écrit: «chevaux souple comme..., rapides comme...»[4]. C'est dire que ce qui s'impose d'abord ici, c'est la structure d'une comparaison binaire, en l'absence des comparants eux-mêmes, c'est le rythme du texte avant même de connaître exactement le contenu du texte. On peut donc supposer que Flaubert poursuit vers l'aval de son texte, quitte à revenir ensuite sur les détails qu'il aura tout le temps de parachever. Ces détails sont pourtant d'une importance tout aussi grande que le mouvement général du texte. La phrase finale sera: «C'étaient de merveilleuses bêtes, souples comme des serpents, légères comme des oiseaux», dont la puissance d'évocation est hors de l'ordinaire. Du brouillon au texte final, le mot «souples» est demeuré, renforcé par l'image du serpent, le mot «rapides» est tombé, car il devenait inutile, puisque dans la comparaison du cheval avec l'oiseau le mot «légères» le remplaçait avantageusement tout en contenant la même idée de rapidité.

En un mot, l'auteur est toujours présent à la totalité de son texte, un peu comme le peintre embrasse d'un coup d'œil l'entièreté de son tableau, ou

---

4. Cité par Raymonde Debray-Genette, «Génétique et poétique: le cas Flaubert», dans *Essais de critique génétique*, Paris, Éditions Flammarion, 1979, p. 44.

comme le musicien qui en est à l'écriture de telle mesure sait que cette mesure-là résonnera dans l'ensemble du mouvement, lequel établira des liens sonores et rythmiques avec le morceau au complet. Il n'y a pas d'autres secrets pour réussir, en littérature, l'unité de ton, de temps, d'intrigue, la vraisemblance des personnages et de l'action.

Bricolage

Écrire, c'est aussi bricoler des langages, reprendre à son compte, pour les fins esthétiques de ce nouveau texte, des fragments déjà parlés, déjà pris dans d'autres discours. Sans oublier, bien sûr, de transformer leur hétérogénéité en force capable de résonner à l'unisson du texte. Il y a des bricoleurs moins rusés, et le lecteur est gêné parfois de reconnaître des fragments de discours savant mal intégrés à l'ensemble, des morceaux de bravoure qui, à défaut d'avoir été pliés aux nouvelles exigences du texte, continuent de crier leur ancienne appartenance, comme un barreau de chaise, dans une sculpture, qui parlerait davantage de la chaise que de la ligne droite qu'il est censé représenter.

Je me souviens des mauvaises années où les universitaires prétendaient que les textes n'avaient pas d'auteur, que c'étaient des produits tombés là presque par hasard et qu'on pouvait donc les disséquer à volonté, sans qu'intervienne rien d'autre que la pure essence du texte textuel. Formalisme à la petite semaine qui, dans sa bêtise de vouloir tout expliquer, se transformait en lit de Procuste et tranchait la tête du sujet trop remuant pour se tenir immobile sur sa table. Il y a heureusement eu des théoriciens comme Mikhaïl Bakhtine qui sont venus remettre les choses en perspective.

L'auteur est un sujet écrivant pris dans la pensée et les discours de son époque, et c'est par cela même qu'il signifie. Mais il conserve une autonomie relative, du moins sur le plan esthétique et quant à son rapport personnel, imaginaire, au monde. J'affirmerai en conséquence qu'il y a une intention qui préexiste au texte, il y a un devenir du texte, énigmatique encore, mais qui existe tout de même dans le psychisme de l'auteur, sinon comment le texte pourrait-il s'écrire jusqu'au mot fin?

Cette intentionnalité, que bien des théories ont voulu nier, ressortit à l'ordre du désir. Elle n'est ni une pure volonté, ni une pure projection logique, ni toujours une idée claire. Elle est comparable aux processus biologiques qui se développent toujours en obéissant à une certaine direction, y compris dans la maladie, et semblent régis par un modèle qui contient en soi sa finalité. De la même façon, c'est le désir de l'avenir du texte qui oriente déjà le texte dans son moment zéro d'écriture, et ce sont les tâtonnements du désir de l'auteur (dans son rapport au monde) qui se fraient une voie vers la sortie. Il y a une maladie culturelle qui a voulu nous faire prendre pour de la littérature des écrits aseptisés, ramenés à des jeux sur le seul matériau linguistique, comme si la langue était la finalité dernière de l'être humain, comme si elle n'était pas avant tout un ensemble de signes, c'est-à-dire une valeur symbolique mise pour autre chose, en bref un moyen de communication. Ça s'appelle prendre des vessies pour des lanternes ou, en termes plus savants, la réification du langage.

Cette intentionnalité ou ce désir peuvent aussi être définis d'un autre point de vue comme le sens des formes. Qu'est-ce qui m'incite, écrivant, à choisir ceci plutôt que cela, en fonction de telle et telle données ultérieures, sinon une vision de l'harmonie des formes? L'écrivain est sans doute un artiste avant d'être un intellectuel, l'écriture est une forme d'art même si la plupart des théories modernes de la littérature oublient de prendre en considération cette dimension capitale. Cela ne se passe pas dans le cerveau rationnel, cela se sent, comme un instinct, c'est une prescription en vue de l'achèvement du texte. Et c'est ainsi que le désir écrivant choisit tous ses objets le long d'une ligne dont il perçoit vaguement le dessin à l'horizon du texte.

Le texte sera parachevé quand les principaux éléments contenus dans le germe initial auront été déployés, quand les possibles auront été saturés. Non pas qu'une autre forme n'eût pas été possible, simplement parce que cette forme-ci s'est imposée tout au long de l'écriture puisqu'elle a été choisie par le désir et qu'elle a passé l'épreuve des réécritures.

> Posons que l'écriture, comme nous l'enseignent les manuscrits, est le lieu du hasard et de l'arbitraire qui se transforme peu à peu en nécessité, qu'inversement le texte est le produit d'une nécessité que la lecture motive arbitrairement ou interprète librement[5].

---

5. *Ibid.*, p. 49.

Je nuancerais bien sûr les mots «hasard» et «arbitraire» qui figurent dans cette citation en faisant remarquer que, dans l'écriture, on a affaire à des hasards motivés de façon multiple, attendu qu'ils sont dictés par l'intentionnalité que je viens d'évoquer, par l'inconscient et par l'analyse des effets du texte tels que perçus dans les premières lectures-écritures. Pour le reste, cette citation a le mérite de mettre l'accent sur les transformations textuelles, où l'on voit la mouvance du texte aussi longtemps qu'il n'est pas figé par la publication de la version finale. Alors le lecteur s'en empare, et c'est une tout autre histoire, qui échappe à l'auteur.

Naissance d'un thème et de sa forme

Il y a des rapports multiples, comme on vient de le voir, entre la structure thématique générale d'un texte et la micro-écriture, c'est-à-dire l'écriture du mot à mot et de la phrase. L'une influence l'autre, l'une ne s'établit que dans le prolongement de l'autre, dans sa résonance, et alternativement. C'est une grande loi de la composition musicale ou plastique et l'on a parfois tendance à oublier qu'elle s'applique aussi en littérature.

Quand on a le bonheur de posséder des manuscrits ou plusieurs états d'un texte, ce que l'on nomme globalement les avant-textes en génétique littéraire, il est passionnant de voir évoluer la pensée de celui qui écrit au rythme des ratures, des variantes, des reprises du tissu textuel jusqu'à ce qu'il soit figé dans son état final, arrêté par la publication.

Avec «Ceux qui attendent», une des belles nouvelles publiées dans *La Folle d'Elvis*[1], André Major nous

1.   Montréal, Éditions Québec/Amérique, 1981, p. 51-62.

livre en partie sa façon de travailler et nous montre indirectement de quelle manière naît l'intentionnalité chez un auteur. Lorsque les écrivains prétendent que le texte est engendré par le texte, ils n'ont pas tort, comme on le verra tout de suite, et l'intention consciente d'orienter le texte dans telle direction plutôt que dans telle autre semble parfois provenir d'une lecture d'un premier état du texte, même si d'autres fois elle préexiste visiblement à l'écriture proprement dite. Dans les premières versions de «Ceux qui attendent»[2], tout se passe donc comme si une opération de lecture avait révélé à l'auteur l'économie générale de son texte et lui avait fourni du même coup les paramètres indispensables pour procéder aux corrections ou aux ajustements du texte par rapport à cette nouvelle «donne».

Résumons en quelques mots l'histoire de «Ceux qui attendent»: dans un snack-bar, près d'une gare, une serveuse sert des cafés à un homme qui dispose d'un certain temps avant de prendre son train. La nouvelle se divise en deux parties. La première est focalisée sur la serveuse, la seconde sur le client. Les deux protagonistes se désirent, rêvent chacun de ce que pourrait être leur relation mais n'iront pas jusqu'à s'avouer leur sentiment.

À travers les quatre états du texte, cette thématique fondamentale n'a pas changé, mais pourtant des détails, essentiels à l'organisation du texte et surtout à sa réussite esthétique, des éléments de la microstructure ont bougé, conduisant ainsi le texte vers son achèvement optimal.

---

2. Manuscrits prêtés par l'auteur au groupe de recherche en création littéraire de l'UQAM.

Déjà le titre, «Ceux qui attendent», figurant en tête de la première version, impose à l'auteur une contrainte formelle: le récit devrait normalement utiliser les temps de l'attente, ceux qui marquent le mieux la durée intérieure grâce à l'aspect d'inaccompli qui est inscrit dans leur structure même, soit le présent, l'imparfait et le conditionnel. En second lieu, comme il s'agit d'exploiter, sur le plan thématique, non pas la satisfaction du désir mais le désir en tant que tel dans sa phase désirante, le temps de l'attente elle-même ou la tension vers une satisfaction mythique, l'auteur finira par opter carrément pour le monologue intérieur dont le temps principal sera le présent, et où le conditionnel et le futur serviront à traduire l'espace du rêve. Le narrateur s'installera dans la conscience de celle qui attend, puis dans la conscience de celui qui attend parallèlement un semblable aveu d'amour.

Or en lisant les manuscrits, on constate d'abord que les temps des verbes ont bougé, d'un état du texte à l'autre. Si dans l'état I du texte l'auteur hésite encore entre le passé et le présent – on le voit pourtant déjà procéder à quelques substitutions –, dans l'état II les choses se présenteront plus clairement. État I, folios 3-4:

> [...] et puis elle en avait jusque-là de savoir que les autres finissaient toujours par rencontrer l'homme de leur vie, mais pas elle. Des ivrognes ou des malades qui voulaient passer la nuit dans son lit, ça, elle ne les / comptait – compte / plus. Les hommes qui valaient la peine qu'on couche avec, ils / avaient – ont / autre chose à faire [...]

État II, folio 2:

> [...] et puis elle en a / assez – jusque-là / de voir que les autres finissent toujours par rencontrer l'homme de leur vie, mais / jamais elle – elle jamais /. Des ivrognes ou des obsédés qui veulent passer la nuit dans son lit, elle ne les compte plus. Les hommes qui vaudraient la peine qu'on couche avec, ils ont autre chose à faire [...]

On entrevoit de quelle manière l'auteur a mis à l'épreuve divers temps, le passé puis le présent, avant de saisir l'avantage qu'il pouvait tirer de ce dernier. On notera particulièrement cette substitution de «vaudraient» à «valaient», par laquelle l'héroïne, «elle», s'installe complètement dans l'espace du désir, en tournant le dos à l'aspect d'accompli que charriait le passé. Dorénavant, elle est devenue attente pure, comme le titre le laissait présager, parce qu'elle juge que celui-là, le héros, en vaudrait la peine. Par ces seuls changements de temps, la composition du texte vient de basculer vers ce qu'il devra devenir, compte tenu de la thématique de la déception, si présente dans l'œuvre de Major. Construire le désir et sa déception.

Pour que cette thématique s'accomplisse jusqu'au bout cependant, il fallait que le désir rencontre un objet désirable. Or la suite du texte dans ses divers états nous montre un possible cheminement de la conscience de l'auteur, depuis une appréhension vague du devenir du texte jusqu'à une certitude. On peut suivre ce cheminement grâce aux ratures et aux variantes.

Dans l'état I du texte, l'objet du désir de l'héroïne est ainsi décrit:

« Lui, il n'était pas si mal, et même plutôt bien, seulement trop timide, trop peu sûr de lui pour qu'elle se sente portée vers lui. Elle n'aimait pas les fanfarons non plus. »

Voilà un aveu qui tombait fort mal à propos, puisque tout l'impact de la nouvelle réside dans le fait que lui et elle, secrètement, se désirent, mais ne s'avouent pas leur sentiment. Cet aveu est quelque chose qui, dans le premier jet, a pu passer pour une erreur compositionnelle aux yeux de l'auteur, car la déception ne devait pas intervenir dans l'ordre du désir mais dans l'ordre des événements seulement. Autrement dit, s'il n'y a pas désir réciproque, tout le reste du texte perd son intérêt, et cet aveu qu'elle ne l'aimait pas (ce « non plus » coupable) est contraire à l'économie du texte.

Tout se passe alors comme si la conscience de la structure avait pris lentement forme et avait amené l'auteur à biffer, dans l'état II du texte, les membres de phrase concernant précisément l'aveu intempestif de non-attirance: Major biffe « pour qu'elle se sente vraiment attirée par lui » et « Elle n'aimait pas les fanfarons non plus ». La nouvelle version, passant de l'imparfait au conditionnel et au présent, du négatif au positif, renverse complètement la situation et produit cette fois de façon nette l'objet du désir. La timidité de « lui », qui était d'abord un empêchement, devient pratiquement une qualité, surtout quand elle est comparée à l'attitude des fanfarons:

«Lui, il ne serait pas si mal, et même plutôt bien, seulement trop timide, trop peu sûr de lui. Les fanfarons courent les rues, mais elle ne peut pas les sentir.» (État II, folio 2)

Il est «trop timide», mais en lui forçant un peu la main...

On a là un bel exemple qui illustre les effets de rétroaction entre la structure générale d'un texte et la micro-écriture, ou encore entre l'intention de dire et les objets constitués dans et par le texte. La structure thématique naît ici sous nos yeux, se réoriente, se raffermit et impose à l'ensemble du texte de nouvelles lois. Dans cette veine, on pourrait dire qu'un texte est achevé, en équilibre, lorsque s'arrête ce mouvement qui vise à établir une étroite congruence entre l'intentionnalité et l'expression, entre la structure thématique générale et le mot à mot du syntagme.

L'art d'écrire est aussi quelque chose de modeste comme un artisanat.

Petite histoire d'une nouvelle

La nouvelle qui suit a été commandée par la revue *Moebius*[1]. Elle est le fruit entier de cette circonstance. Le germe, s'il en est un, c'est la revue qui me l'a fourni en projetant ce numéro sur l'utopie et en laissant aux auteurs toute liberté dans le traitement du thème, sans prescription de genre ni de forme, sauf le nombre de pages. Dix pages. C'est déjà une indication, une contrainte à l'intérieur de laquelle je dois m'inscrire. Plutôt qu'un texte théorique, je choisis d'écrire une nouvelle. Je suis pris. Une nouvelle dont le sujet soit l'utopie, c'est-à-dire quelque chose qui dépasse la réalité coutumière de notre environnement, qui tienne du rêve et du désir, qui nous tire vers l'avant, comme un objet idéal vers lequel on tend mais qui nous échappe par définition. Soit tout le contraire de la débilitante réalité quotidienne!

Je sais depuis toujours que l'art est utopique, mon sujet sera donc l'utopie de l'écriture parfaite.

---

1.   Elle paraissait dans le numéro 33, *L'Utopie*, à l'été 1987.

Contrairement à ce qui se passe d'habitude, le titre me vient aussitôt. La nouvelle s'intitulera «L'homme à éclipses», celui qui s'absente de cet univers-ci parce qu'il vit à moitié dans un autre; mais j'aurais pu tout aussi bien l'intituler «L'artiste», le premier titre renvoyant à l'image du personnage, le second au contenu métaphorique du récit.

Je réfléchis que le dialogue est une pensée interrompue, partagée en deux voix, la forme idéale du drame, et ce que je cherche à montrer, c'est la naissance d'une unité, l'effacement progressif de cette bipolarité, le surgissement d'une magie soudaine qui installe l'harmonie entre soi et soi, entre soi et le monde des objets. Seul l'art, bien sûr, est capable de ce prodige. Abolir la distance, faire coïncider mon désir avec son objet.

Il me faudra donc jouer d'abord finement du dialogue, le faire ensuite chanter à l'unisson pour qu'enfin s'installe un monologue, une voix unique portée par sa seule passion.

Je constate dès lors que je possède toute la structure de la nouvelle, que le thème en est déjà largement dessiné et que les autres surprises viendront de l'écriture. Quand il n'y a pas de surprises dans l'écriture, c'est qu'il n'y a pas d'événements textuels, autant dire qu'il n'y a pas de littérature. Réserver donc sa part de surprises et de création à l'écriture proprement dite.

Pourtant, un autre élément de contenu et de structure m'apparaît avec netteté: le dialogue doit être suffisamment abstrait pour illustrer le thème (répondre à la commande en quelque sorte), et suffisamment concret pour retenir l'attention et empêcher le lecteur de sombrer dans le sommeil. Une discussion de «philosophes» dans une taverne ferait l'affaire – l'alcool ne rend-il pas quelquefois philosophe en faisant vaciller le langage? – d'autant plus que ce contraste, entre la pureté du propos et le lieu plutôt sordide, crée une tension supplémentaire que le texte devra se charger de résorber en une unité toute idéale: d'un côté disons le monde, dans son épaisseur, de l'autre un désir d'infini assez éthéré, qui prend pourtant appui sur la fange. Oh! si les anges pouvaient marcher les deux pieds sur le sol, ils seraient aussi capables de chanter et de nous tenir sous le ravissement de leurs multicolores battements d'ailes. Mais je n'ai jamais entendu chanter aucun ange, pour la simple raison qu'ils n'ont pas de corps et qu'à ce titre, même s'ils existaient, ils seraient incapables de la moindre production artistique.

L'art se trouve précisément à la jonction du corps et du rêve, tantôt pour donner sens au corps, tantôt pour donner forme au rêve, mais le plus souvent, du moins ainsi devrait-il en être, pour faire rêver le corps.

Je commence:

«Hier *peut-être*, j'ai rencontré l'homme à éclipses...»

Si j'introduis au dernier paragraphe «Cela *peut être*», comme un écho dont le sens est inversé, et si j'emploie le futur, c'est une question d'écriture et de thème, c'est pour mieux écrire le thème, pour fermer la boucle, arrondir l'objet et me conformer à ce que m'a appris la nouvelle. Le doute du début devait faire place à l'affirmation d'une certitude (cela peut être), le passé imprécis s'ouvrir sur un avenir si proche qu'on le touche du doigt. Et va pour la nouvelle, tombée du Paradis des textes... elle refuse toujours de disparaître!

L'artiste

«Auparavant peut-être, sans le savoir, mais le mois dernier en tout cas, j'ai rencontré l'homme à éclipses. C'est une longue histoire qu'il m'a lui-même racontée en raccourcis, pour gagner du temps. Car il était nerveux, traqué par quelque chose qu'il définissait mal, méfiant du moindre mouvement des objets autour de lui: on aurait dit qu'il les surveillait, et même en parlant il refusait de les quitter des yeux. Il ne me regardait pas souvent, bien entendu, parce qu'il était convaincu que je ne pouvais pas appartenir au monde de ses objets.

— Un jour, vous comprendrez comme moi qu'il suffit de coïncider avec soi-même pour disparaître, et de se désaccorder un tant soit peu pour retomber dans le monde apparent que nous habitons.

— Alors vous disparaissez de temps à autre? ai-je demandé, ma curiosité aiguisée par son discours.

— Pas moi, mes choses! dit-il.

— Faites un peu voir ça.

— Ma parole! Il me prend pour un magicien. Il ne s'agit pas de ça, vous n'y êtes pas du tout, mon cher ami.

— De grâce, expliquez-vous, j'ai terriblement hâte d'y être!

Il m'exposa brièvement la théorie qui le sauvait de l'angoisse.

— Vous savez qu'il n'y a de visible que la vibration, la dissonance qui trahit la lutte à l'intérieur de
chaque être. En un sens, seul ce qui vibre vit. Sup-
posons un corps parfait dans une forme parfaite, il
ne présente aucune saillie où s'accrocher, il n'offre
aucune surface plane pour la réflexion de la lumière,
il ne trouble pas l'espace ambiant, il est donc invi-
sible, ou plutôt il a cessé d'exister pour le reste du
monde.

— Vous confondez, dis-je, l'existence avec l'éro-
tisme. Je vous concède qu'une forme trop parfaite,
disons trop lisse, n'a pas le pouvoir d'éveiller le désir, parce que l'imagination n'y a pas de prise, elle
tombe à plat dans un espace de jeu nul. L'imagination s'ennuie parce qu'elle n'a plus d'objet à produire ni à parachever.

— Vous commencez à comprendre, mais vous
tirez la mauvaise conclusion. Prenons un exemple:
une simple raideur au cou rend votre cou terriblement présent, vous ne pensez qu'à cela, vous n'êtes
que ce cou qui vous gêne. Vous ne pourrez rien faire
qui soit étranger à ce malaise, vous vous sentez
comme une corde tendue entre deux pics, et à la fin
vous rêvez qu'on vous pend par le cou... pour en
guérir. Généralisons un peu: le monde, c'est connu,
ne tourne pas rond, n'a pas encore inventé le
roulement à billes pour ses bielles, n'a pas su éviter
les bruits de fond, ni l'onde de choc, ni le tintamarre
de ses gratte-ciel. Et c'est parce qu'il produit ce
vacarme qu'il est si cruellement présent, d'autres
ajouteraient qu'il est vivant parce qu'il grince, hurle,
saigne. Le musicien qui a introduit la dissonance
dans son écriture aura été le premier à laisser parler

le monde. Tenez, pas plus tard qu'hier soir, j'avais fabriqué...

– Ce plus-que-parfait sonne curieusement, vous m'inquiétez! On se serait attendu plutôt à «Hier soir, j'ai fabriqué...»

– Très juste, vous faites des progrès, dit-il. Et il enchaîna: J'*avais fabriqué* un objet...

– ... qui ne ressemblait à rien.

– Exact, mais comment le savez-vous?

– Oh, une intuition.

– Un objet qui ne ressemblait à rien, mais attention, c'est justement pour cela qu'il était si beau, si inutile, si unique, le parfait contraire de l'ustensile manufacturé.

– Et alors?

– Eh bien, au moment même où je lui retirais le supplément de matière qui alourdissait la courbure du flanc droit, il a disparu.

– Disparu? Vous voulez dire qu'il s'est brisé?

– Non, il a complètement disparu de l'espace et je dois vous confier que je n'en suis pas peu fier, car cela me prouve qu'il avait atteint une harmonie telle, un enchantement de formes et de masses... la perfection en somme, si je puis le dire modestement.

– Diable, vous êtes un inventeur hors de prix, et je ne vois pas le jour où l'industrie s'intéressera à vos découvertes: elle aurait trop peur de disparaître à sa manière en faisant faillite!

– Vous avez tort de vous moquer. Prenez cette table. Elle ne risque pas de disparaître. Pourtant, il suffirait sans doute de quelques retouches, moins encore, d'un certain angle de vision, d'une redistribution de ses éléments pour que le miracle se produise.

Et pendant tout ce temps, il travaillait à quelque chose, mais je ne voyais pas bien. Nous étions attablés devant deux ou trois verres, à la taverne Saint-Rédempteur, et la lumière qui brillait là n'avait rien de commun avec celle du soleil. L'alcool aidant, il commençait à me troubler sérieusement. Et cette façon qu'il avait de croire absolument ce qu'il racontait, vous savez, le genre à vous faire avaler des couleuvres parce qu'il en décrit la robe avec précision jusqu'au détail foudroyant. Une sorte de néoréaliste qui vous fait passer la photographie pour un art décadent et surtout vous montre qu'elle est singulièrement dépourvue de parole. Alors que lui, il en avait de la parole, on aurait juré qu'il était né entre deux phrases...

– Mais je ne vous ai servi jusqu'ici que les amuse-gueule.

– Ils étaient croustillants!

– J'arrive au plat de résistance. Vous savez que je me prends pour un écrivain, dans mes temps libres. Or, que veut un écrivain sinon paraître? Je veux dire être publié, feuilleté, lu, appris par cœur, cité, commenté, critiqué, parfois même éreinté. Mais pour cela, il faut un substrat, vous me suivez, il faut du texte.

– Je ne connais pas d'écrivain sans texte, enfin... qui ne prétende pas être l'auteur d'au moins un texte, fût-il fictif.

– Logique. Alors c'est ici que ça se corse. Que je vous raconte. J'en étais à ma centième retouche dans l'écriture d'un conte intitulé « Una » (rassurez-vous, je n'ai emprunté à Victor-Lévy que ce seul mot!) quand tout à coup le conte en entier s'est volatilisé, effacé...

— Vous écrivez à l'aide d'un ordinateur je crois?

— Il ne s'agit pas de cela. Mon texte s'étalait sur dix bonnes pages d'une écriture serrée, noire sur fond blanc. Et je me suis méfié quand j'ai vu les lettres trembler, j'ai tenté aussitôt de rétablir la variante du dernier mot que je venais de biffer, mais il était trop tard, le texte avait disparu du début jusqu'à la fin et je m'égarais dans le vide blanc de la page.

Vous n'avez pas tenté de le réécrire, ce texte, puisque vous l'aviez en mémoire? Ce n'est pas si compliqué après tout, vous en êtes l'auteur.

— Vous n'y pensez pas! Parmi ces milliers de petits signes, il suffirait qu'un seul soit déplacé pour que le charme n'opère plus…

— Oui, bien sûr, le grain de sable…

— Et que mon texte soit quelconque.

— Il aurait du moins le mérite d'exister, non?

— Vous appelez cela un mérite? Mais il y a pis encore: en s'effaçant de la page, le texte s'efface aussi de mon esprit, c'est le trou béant, on dirait que la passerelle entre les mots et moi est coupée à jamais. Le monde est lisse à l'image de ma mémoire.

— Je vois, dis-je, plus la page est blanche, nous enseignent les modernes, plus elle est profonde. Est-ce que certains poètes souffriraient du même mal que vous?

— Il n'y a pas de quoi rire! Je ne vous ai pas dit toute la vérité cependant.

— Il me semblait aussi, votre fameux texte, vous l'avez retrouvé en classant vos papiers. À vous entendre, vous, les auteurs, ce sont toujours vos plus beaux textes que vous perdez, qui passent au feu, ou

que vous n'avez pas encore décidé de publier parce
que...

– ... il n'a pas complètement disparu, le texte de
mon conte, voilà, et cela me cause un problème
supplémentaire. Les trois premiers mots ont survécu:
«Alors survint Una...»

– Répétez ça un peu. «Alors survint Una...» Mais
vous avez tout ce qu'il faut pour refaire le conte!
Laissez-moi vous aider. «Alors» indique la circonstance, le temps passé, vous vous situez dans un
temps mythique, vous trouvez sans doute que le
présent ne va pas assez vite, a moins bonne gueule,
alors vous optez pour les origines; «survint» marque
l'événement, un commencement absolu, comme si
tout ce qui l'avait précédé ne comptait pas, vous
tentez d'usurper, mon cher, à Dieu lui-même, son
rôle de créateur de mondes; «Una» c'est votre désir
d'unité, la coïncidence dont vous me parliez tout à
l'heure, au féminin en plus, ce qui lui donne un petit
air de matrice universelle. Mais vous nagez en pleine
utopie, le voilà le sujet de votre conte! Un monde
sans grincement, sans tension, sans vibration.

– Oh, ce n'est pas si simple.

– Que voulez-vous dire?

– Deux choses contradictoires ou un seul paradoxe, je ne sais plus. La question est la suivante:
pourquoi ces trois mots sont-ils restés, à l'exclusion
de tous les autres? Parce qu'ils étaient trop ordi-
naires, donc trop résistants? Ils auraient raté l'examen
d'entrée au Paradis des textes. Le genre de phrases
qui font tiquer les critiques. Ou ces trois mots ne
sont-ils qu'un embrayeur, ou mieux: une clé, la clé
qui ouvre la boîte du texte? Je sens qu'il suffirait de

savoir où placer ces mots pour que mes pages surgissent et se mettent à signifier.

– Oui, certainement, mais où se trouve la serrure, ou le coffret?

Pendant tout ce temps, il faisait mine de caresser la table, du moins je le pensais, comme on caresse l'épaule d'une amie pour lui montrer qu'on ne l'oublie pas, que l'on continue de penser à elle même en parlant de n'importe quoi d'autre. Et ma foi, cette petite table carrée, sordide, en arborite, commençait à se transformer. L'effet de l'alcool, pensez-vous, mais je la voyais tout à coup comme un espace vierge appelant des signes, une tablette de cire, où déjà le cul des verres avait dessiné des hiéroglyphes circulaires et quelques indices d'un autre lieu que j'appréhendais mal. Si je n'y prenais garde, cette table deviendrait bientôt une porte ouverte sur l'inconnu, et gare au soubresaut qui m'y culbuterait.

– Mais j'y pense, dis-je en ne le prenant pas encore tout à fait au sérieux, si chacun avait votre souci de perfection, je me demande de quoi aurait l'air la littérature! Les anthologies ne coûteraient pas cher: plus qu'une seule maison d'édition, «La Page blanche», et tous les chefs-d'œuvre ne comporteraient plus qu'une page, blanche par surcroît! Vous me direz «Excellent pour désengorger les librairies, qui n'auraient plus besoin d'entrepôts pour y cacher les livres!» Bien, mais avez-vous évalué la quantité de culture qu'il faudrait aux lecteurs pour déchiffrer ces textes? Et que faites-vous de l'intertextualité, à quoi se résumerait toute la littérature aux dernières nouvelles?

– Vous vous emballez! Je ne croyais pas rencontrer par hasard un si parfait complice.

– Et que deviendrait le monde, selon votre théorie de la perfection évanescente? Songez un peu: un parfait politicien en pleine campagne qui parlerait pour ne rien dire...

– Vous voulez dire « qui tiendrait un discours sans qu'aucun mot ne franchisse ses lèvres? » Quelle grâce! Un discours si juste qu'il ne saurait être prononcé que par un muet.

– Quel repos!

– Et le curé qui en serait réduit à prêcher d'exemple...

– Et le voisin dont le chien japperait si bien qu'il garderait le silence.

– Qui, le chien?

– Et les amoureux changés en sculptures...

– ... dans des poses...

– ... éternelles...

– Et les banques qui, au moment de balancer leur bilan...

– ... profits et pertes...

– ... se transformeraient en parcs d'amusement...

– ... pour les enfants aveugles!

Les signes avaient atteint sur la table une belle densité, forêt de cercles et d'ogives, parenthèses bâillant à l'infini ou au contraire s'embrassant sur un espace si restreint qu'elles ne contenaient rien que des figures d'ellipse. Il allait y mettre le doigt, et comme un forcené j'ai crié « Non, n'y touchez pas, vous allez tout gâcher! » Mon empressement le fit sourire, car il étudiait mon manège depuis un moment, en caressant toujours la table, et il trouvait que j'attachais un prix démesuré à ce produit du hasard. Puis il devint sérieux, plongea lui aussi dans le dessin. Et c'est les yeux rivés à cette chose complexe mais encore brouillonne que nous avons pris notre quatrième bière.

À mon tour, je l'ai regardé travailler. Il posait son verre après d'étranges calculs, plongé dans une profonde méditation. Quand enfin son bras se détendait, il y allait comme à l'échappée, comme s'il s'en fichait, mais au fond il était sûr de lui, le cul du verre posait une marque qui faisait écho à toutes les autres, dans la plus parfaite harmonie, et chaque fois qu'il en rajoutait, ses traces paraissaient de plus en plus nécessaires, à la fois surprenantes et attendues. Il suspendit son verre assez longuement, calcula un angle d'attaque, le posa une dernière fois.

C'est alors que survint l'événement. Je le jure, j'ai vu le dessin s'effacer, j'ai vu les lignes disparaître sous mes yeux! mes yeux au ras de la table.

— Le serveur a essuyé la table? demandai-je, interdit.

— Quel serveur? Quelle table?

Il n'y avait plus de table. Nous nous tenions l'un en face de l'autre, moi un verre dans la main droite, ridiculement suspendue en l'air. Quant à son verre à demi bu et aux verres vides, ils gisaient à nos pieds en mille morceaux, comme de gros diamants que la faible lumière irisait. Je n'en croyais pas mes yeux.

— Où est passée la table? demandai-je, angoissé.

— Je me tue à vous le faire comprendre: au royaume des objets qui chantent. Parce que nous lui avons ajouté ce qui lui manquait...

— Ah bon! parce que vous croyez m'associer à votre entreprise de prestidigitation?

— Vous êtes doué, mon cher, je l'avais reconnu tout de suite à votre façon de regarder les choses. Mais tout ceci ne règle pas mon problème.

— Où introduire la clé pour ravoir nos objets, hein?

Nous avons fait insensiblement glisser nos chaises vers la table d'à côté, afin de poursuivre cette bizarre conversation et pour que je puisse y poser mon verre. J'ai pris soin cependant d'en essuyer le fond bavard sur le revers de ma manche.

— Où introduire la clé? Plus j'y pense, plus je crois que la serrure n'est pas à notre portée.

— Autrement dit, vous trouvez qu'on manque d'échelles pour atteindre le monde de vos objets si beaux, si accomplis, si aériens qu'ils s'envolent...

— Je vous trouve bien léger devant une question si grave. J'en viens tout naturellement à la conclusion qu'une seule avenue s'ouvre devant moi pour rejoindre mes objets: atteindre d'un coup le monde des formes. Voulez-vous m'y aider?

L'affaire se corsait, je le voyais trop bien venir: il voulait suivre le chemin de ses textes et autres produits imaginaires. Il désirait que je lui applique à lui-même sa propre méthode, que je le pousse un peu dans le vide, après lui avoir arrondi les angles. Je ne me sentais pas l'âme d'un assassin, mais il me rassura tout de suite, il était convaincu que le passage était possible sans mourir, sinon comment expliquer la disparition des choses? Je me voyais tout de même obligé d'écrire son épitaphe, et je ne connaissais même pas son nom.

— Au fait, comment vous appelez-vous?

— Jean Cinq-Mars, pourquoi?
— Ça peut servir. Et quel jour sommes-nous?
— Vous le savez fort bien.

Nous étions le cinquième jour du mois de mars. Il
se payait ma tête, ou bien tout cela n'était que
fabulation, et je commençais à douter de sa réalité
quand le garçon se posa à côté de nous et dit «Ce
sera six dollars, pour les verres brisés.» Alors je le vis
sortir de son portefeuille noir, en peau de serpent,
un billet de dix dollars qu'il refila au garçon en lui
faisant signe de garder la monnaie et de ne plus nous
déranger. Je songeai aussitôt à la table, mais on
pouvait être tranquille, d'ici à ce que le garçon
constate et surtout admette sa disparition...

— Et si l'on commandait une autre bière?

Il refusa net, car il tenait à conserver toute sa
conscience pour le grand saut. Il m'expliqua en
quelques phrases que je n'avais pas à me soucier de
sa barbe, ni de son pantalon froissé, que ce n'était
pas là que résidait sa forme principale. Il était un être
de langage, c'est donc de ce côté qu'il fallait travailler, polir, accentuer, rythmer le mouvement.

Il se mit à parler comme une rivière, un fleuve, et
je m'aperçus au bout d'un moment qu'il repassait par
les mêmes idées, énoncées presque dans les mêmes
mots. Il avançait à tâtons, il cherchait sa forme. Il
avait répété trois fois la même phrase, se heurtant
toujours au mot «soudain», qui enrayait le mécanisme, et je voyais dans ses yeux un éclair de déses-
poir au moment où il allait recommencer. Je lui souf-
flai à l'oreille le mot «impromptu» qui me semblait
convenir, invariable toujours, débordant les catégo-
ries du nom et de l'adjectif, un mot rebelle, un mot

parfait pour ponctuer une décision en coup de vent. Il me regarda plein d'admiration et de gratitude, reprit sa phrase, se rendit jusqu'au point final, jusqu'à la fin de sa présence.

Il s'était volatilisé sous mes yeux, dissous, envolé, avait rejoint ses textes, son monde parallèle. Et je me retrouvai seul, hébété, en plein monologue toni-truant, comme si mes paroles se perdaient dans le vide, n'avaient plus d'écho sauf dans le fond de mon verre, vide.

Je suis rentré chez moi titubant, et j'ai passé le reste de la nuit à reconstituer les pages manquantes de «Una». Je lui avais si bien tiré les vers du nez que le conte s'écrivait tout seul, comme dans un rêve. Quand il fut achevé, et bien achevé, vrai comme vous me voyez, il s'est de nouveau envolé vers le Paradis des textes, à l'exception des trois premiers mots, toujours les mêmes, qui résistent comme une clé accrochée au-dessus de la porte. Je n'ai pas d'autre preuve à vous fournir de mon aventure, avec en prime neuf belles pages blanches, bien sûr, qui, trois heures auparavant, étaient toutes parcourues de signes et si pleines de sens.

Depuis des jours maintenant, je contemple mon propre conte que j'espérais secrètement voir dispa-raître de mon cahier – et tant pis pour le comman-ditaire! Mais il résiste, pas une seule ligne ne s'est d'elle-même effacée, après des biffures, des re-touches pourtant éclairées, des stratégies d'envol et de chute. Et vous voilà condamnés à imprimer, diffuser, lire même une prose dans laquelle vous soupçonnez pourtant une faille, une vibration indue, un grain de sable qui grince. Mais croyez-moi, si vous y mettez la main il s'envolera sûrement un jour, cela peut advenir comme la fin de sa route, cela peut être, et vous en serez dorénavant quittes pour le réinventer à votre mesure. »

C'est donc une invitation à écrire, à viser toujours la ligne d'utopie. Et que l'on soit ravi dans cet autre univers afin de mieux percevoir le nôtre! Afin d'y percevoir et d'y décrire à la fois ce qui grince et ce qui sonne juste. Certains se sont déjà demandé si tout l'art n'était pas du côté de l'utopie, comme un immense effort alchimique pour transformer la boue en or, ou plus modestement comme une tentative de dégager des lignes pures et des significations idéales – idéales étant entendu dans le sens de non con- traintes – à partir de ce que l'on doit bien nommer le chaos du monde, le tourbillon des choses du monde qui n'a pas de sens avant qu'une conscience y instaure un rythme, une direction. Ils ont sans doute raison.

L'incubation

Quand un premier jet est posé sur la table, complété pour la première fois, et qu'il a l'air de brûler d'envie d'être publié, il convient d'attendre et d'attendre, pour forcer une prise de recul, puis de le travailler à nouveau. Le réécrire de pied en cap, après une nouvelle phase d'incubation.

Drôle de terme que «incubation»! Pour parler des phénomènes de la créativité, j'aime bien les métaphores biologiques qui ont l'avantage de préserver cette part de vie, d'imprévu, d'irréductible identité que des concepts plus abstraits ont l'air de nous découper en rondelles ou de nous réduire en miettes, mortes. L'incubation donc. C'est un phénomène semblable à l'inspiration mais qui, à la différence de cette dernière, se passe dans la durée inconsciente.

Car en plus du temps que l'on met à écrire, il faut un autre temps, plus élastique celui-là, qui n'a pas de frontière, qui ne distingue pas les jours des nuits, quelque chose comme une durée patiente, aveugle et pourtant pleine d'yeux, sourde et pourtant remplie de sons, le temps du mûrissement, de la maturation, pendant lequel les choses se mettent en place, en partie d'elles-mêmes. «Semer dans le sillon de la nuit», comme le suggérait le vieux Sertillanges de nos cours classiques, pour tout genre de travail intellectuel.

Autrement dit, il faut se laisser habiter par un sujet avant de l'écrire. C'est la première règle. Tenter d'écrire à froid une nouvelle, un roman, je veux dire tout de suite en s'asseyant devant sa machine, c'est courir à l'échec.

Quand on pense à un sujet, il faut le laisser dormir, rêver, vagabonder en soi, quelques jours, quelques mois, quelques années, peu importe! Et ce, pour une raison, entre autres, dont j'ai souvent expérimenté la véracité. Le sujet, quel qu'il soit, n'est qu'un squelette. Il a besoin de s'enrichir, de prendre de la chair, de se plonger dans la circonstance, et le seul bain de concret pouvant opérer ce miracle se trouve au centre de celui ou celle qui vit, l'auteur. Se laisser habiter par un sujet jusqu'à l'obsession, manger, dormir avec lui, et lui, il fera le reste: il se nourrira comme le rêve, que Freud a si bien analysé, de la circonstance immédiate et de l'inconscient, en plus de cheminer sous l'œil de la conscience. Analogue au travail du rêve, la période d'incubation livre le sujet ou le thème à la machine de l'inconscient qui le bombarde de représentations, d'images concrètes, de visions, de souvenirs, procède à des déplacements, des condensations. Bref cette phase transforme un germe sec en un sujet vivant, prêt à s'écrire.

Il n'y a pas de textes donnés au sens strict du terme. Les textes donnés sont ceux qui ont longtemps mûri en nous et qui jaillissent à un moment propice parce qu'ils sont déjà écrits en nous, parce qu'un énorme travail s'est déjà accompli hors du champ de notre conscience. Hors de la conscience? Pas nécessairement, en tout cas hors de la préoccupation immédiate. C'est simplement parce que la chose a profité de nous pour se développer, un peu à la manière d'un parasite.

Se laisser hanter à ce point par un sujet n'est pas une activité entièrement passive. Il y a une part de recherche consciente, une préoccupation, où l'on tend vers quelque chose. Ce qui se greffe au projet en marche semble un cadeau, et c'est là l'aspect merveilleux du travail de l'artiste ou de l'écrivain. Tout se passe comme s'il y avait une plus-value qui s'ajoutait continuellement aux éléments de départ. Le train s'allonge sans qu'on ait eu conscience de s'être arrêté à aucune gare. Plaisir de concevoir et d'écrire.

Tirons-en une conséquence pratique: se précipiter sur la plume quand on a une idée de sujet en tête ne servirait parfois qu'à court-circuiter le processus, à l'arrêter dans son élan, à l'aiguiller vers des détails qui font perdre de vue l'ensemble. Car cet ensemble constitue un tout dynamique, qui ressemble plus à un mouvement avec ses rythmes et sa direction qu'à un cumul d'idées ou d'images.

Je sais qu'il y a d'autres écoles de pensée qui prétendent que l'écriture ne serait qu'un jeu de l'esprit, un pur effet de l'intelligence et du calcul. Elles ont tort. Le roman décadent a voulu nous faire croire un temps que l'art d'écrire était une algèbre sans rapport avec le vécu du moi écrivant, qu'il suffisait de déplacer des signes sur la page pour produire un ébranlement dans les consciences, que le langage à lui seul contenait le monde, qu'il suffisait donc de dire n'importe quoi pour que ce monde surgisse, transformé dans sa réalité sociologique par le seul plaisir des mots. Mais le mouvement de la pensée créatrice ne peut pas procéder uniquement selon les schèmes rationnels, il n'y a pas de deux et deux font quatre, parce que nous sommes dans la nuance, à débusquer ce qui ne se donne pas comme évidence, surtout à produire des objets dont les lois sont pressenties mais jamais dévoilées en surface. La pensée créatrice procède par tâtonnements, j'allais dire par bourgeonnements, par avancées subites suivies de retours en arrière, par la saisie d'objets concrets. C'est une pensée qui tourne, qui repasse au cœur de son territoire, mais chaque fois par de nouveaux sentiers. C'est une pensée qui oscille entre le conscient et l'inconscient, qui fait des allers-retours entre le désir et sa réalisation, entre la pensée logique et la pensée sauvage, entre l'intelligence et la sensibilité, entre la langue et les langages.

Je serais presque tenté de restaurer la vieille métaphore de la grossesse et de l'enfantement qui me semble avoir une signification toujours juste et actuelle. Toute œuvre d'art ne se conçoit-elle pas dans la durée intérieure?

En ce sens, l'incubation, c'est cette durée sans marques temporelles extérieures, pendant laquelle un sujet d'écriture se trouve plongé au cœur même de l'être, dans un lieu flou, c'est-à-dire un lieu ouvert comme un carrefour, où se touchent sans bien se démarquer le rêve et la réalité, la fiction et l'histoire, le conscient et l'inconscient, le sentir et le penser, le langage en tant que matériau rythmé et en tant que signification. On pourrait parler tout aussi bien de court-circuit entre ces données habituellement opposées, ou de frontières poreuses qui laissent passer une partie du phénomène dans son vis-à-vis sans pour autant perdre le contact privilégié avec son propre contenu.

Les psychologues ont encore quelques réticences à admettre la fluidité de ces phénomènes. Sinon dans la créativité proprement dite, du moins dans la réalisation d'un projet artistique, il m'apparaît évident que les diverses frontières que nous venons d'évoquer sont nécessairement rendues poreuses pour permettre à l'écrivain d'écrire, c'est-à-dire de rêver la réalité. La raison de ma certitude est simple: il n'y a pas une conscience humaine capable de penser l'ensemble de ces relations inusitées tout en les exécutant. De la même façon que la pensée n'est pas abstraite mais plutôt prise dans les circonstances de la fiction, ainsi en va-t-il du «rêve éveillé»[1] qui produit l'œuvre d'art. La conscience se laisse conduire par l'inconscient qui lui fournit des formes, des objets de désir, des principes de structuration. Il en va de même de la langue, qui n'est plus seulement un système de signes mais un instrument concret comme la couleur aux mains du peintre; il en va de même de l'intellect, qui reprend son bien à la sensibilité.

C'est sans doute cette face cachée du langage, de la réalité, de la conscience, que l'écrivain convoque

---

1. *Le Journal des psychologues*, Dossier: Aux origines de la Création littéraire, n° 47, mai 1987.

sur la scène au moment où il s'apprête à écrire une fiction. Et pour y parvenir, il doit laisser à son sujet le temps et l'espace nécessaires à sa propre croissance, jusqu'au mûrissement final qui fera dire: Cela sonne juste, cela est plus vrai que nature! parce que cela aura appartenu pour un temps à la nature, je veux dire à l'expérience de vie concrète et globale de l'auteur.

En art, l'esprit seul n'est bon qu'à mener au bagne, et le talent, après tout, n'est peut-être que cet enracinement de l'esprit dans le corps, ce dialogue des diverses ressources que possède l'être humain, depuis la sensibilité aux formes jusqu'aux pulsions du cœur qui battent la marche du rythme verbal; car la production des formes fait intervenir tout le pulsionnel de l'individu, rythmes physiologiques, respiration, façon de se mouvoir ou d'habiter son corps, qui sont versés dans l'écriture de la phrase et jusque dans le balancement des structures. Il n'y a pas d'ange artiste, voilà un mythe ridicule, puisque c'est le corps seul qui inscrit le rythme dans la matérialité de l'œuvre et qui permet en définitive au sens de se déployer, de s'établir en unités discrètes et signifiantes.

Le sujet qui aura mûri en nous s'écrira d'autant plus facilement qu'il sera mieux formé, et une fois écrit il bénéficiera d'un second séjour dans les limbes. S'il en ressort meilleur, c'est qu'il tient le coup, il accepte de s'améliorer parce que ses structures et son mouvement initial en avaient la capacité; s'il s'effondre, c'est qu'il ne valait pas le coup. Il y a des œuvres qui devraient ambitionner de n'avoir pour destinataire que la corbeille à papiers qui les avalera, parce qu'elles sont nées tordues, hors de portée de leur propre auteur, irrécupérables. Trop d'éléments y détonnent, mieux vaut reprendre à zéro, non pas par vanité, simplement parce que c'est plus facile.

En d'autres termes : quand on écrit, il y a tout avantage à partager la tâche avec les ressources innombrables de la rêverie, de l'inconscient et de l'ordre pulsionnel, puisqu'elles travaillent pour nous en notre absence, c'est-à-dire même quand nous ne sommes pas présents à la préoccupation immédiate de l'écriture.

La narration, la narratologie
ou l'art de conter

Beaucoup de gens pensent qu'il convient de présenter d'abord l'objet du désir pour plaire – ainsi en va-t-il des pornographes et des mauvais écrivains –, alors qu'il faut présenter d'abord l'objet au désir afin qu'il s'en augmente.

Autrement dit, il faut semer en séquence les indices qui permettront au lecteur de reconnaître l'objet de son désir avant de le désirer, et afin qu'il puisse le désirer. Allumer le désir et l'aiguiller imperceptiblement vers son objet, ou parfois construire presque ensemble le désir et son objet, et suspendre légèrement les moyens de sa satisfaction.

Le reste n'a pas beaucoup d'importance.

*

Écrire comme si l'on était à l'article de la mort: c'est mieux voir et se permettre de tout dire, en sachant qu'il n'y a plus de conséquences.

Le mythe du premier jet

Disons d'abord que le premier jet n'existe pas, puisque cette première trace écrite n'est première en rien du tout. Elle a été précédée d'un énorme travail conscient et inconscient qui a déjà transformé des matériaux préexistant au thème traité, préexistant au sujet écrivant lui-même : tout ce qui appartient à la langue notamment n'a pas attendu que je vienne au monde pour se manifester, et tout ce qui appartient à la forme du thème n'a pas attendu que j'écrive pour s'organiser.

C'est dire que mythifier le premier jet comme quelque chose de sacré, tout proche de la parole des inspirés et des prophètes, n'a aucun sens. On n'oserait plus y retoucher sous prétexte de briser là un ordre supérieur, d'introduire une dissonance dans un bloc massif de discours, qui jouirait *de facto* d'une mystérieuse perfection que l'on ne comprend pas mais qui existe tout de même, pense-t-on, du seul fait que cela est venu comme ça. Parce que l'on ne sait pas d'où cela est venu. Mystère de la création littéraire et de la création du monde! Foin que tout cela!

Les grands écrivains, qui n'hésitent pas à reprendre un chapitre vingt fois, l'ont bien compris. Rien n'est sacré et définitif, pas même la version finale. Ils ne livreront souvent à l'éditeur que ce qui leur semble la version la plus achevée, compte tenu des circonstances; ils ne lâcheront le texte que parce qu'il faut bien écrire autre chose un jour.

Aucun texte ne peut naître dans sa forme définitive (sauf les passages donnés, inspirés, dont on ne peut pas nier qu'ils existent), pour des raisons qui me paraissent de plus en plus évidentes. Il y a en effet deux forces qui travaillent le texte: l'une d'intuition, d'économie générale, de vision; l'autre de calcul, de détails motivés par le déjà-là, de complétude, d'achèvement volontaire. Autrement dit, ce qui s'élabore dans la structure générale et ce qui s'écrit dans le détail du mot à mot ne sont pas du même ordre, bien que les deux éléments doivent être harmonisés, rendus congruents par un travail d'écriture. Je désigne par les mots «économie générale» ou «vision» quelque chose qui appartient déjà à l'effet général anticipé du texte, qui n'est donc pas du même ordre que l'écriture du mot à mot proprement dite, qui, elle, se trouve du côté des moyens utilisés en vue de produire l'effet de sens recherché. C'est pourquoi il est extrêmement rare de voir coïncider du premier coup, comme par magie, les moyens d'expression et la recherche du but visé.

Dès que l'écrivain saisit que le langage, le rythme, les images, les descriptions, les actions, les péripéties constituent un matériau, comme le tube de peinture dans les arts plastiques, un matériau qu'il peut ordonnancer, déplacer, plier, fusionner, séparer... dès lors il travaille ce matériau en fonction de la vision qu'il a de son texte et il a quelque chance de réussir son œuvre. Sinon, il est à la merci justement de l'inspiration, qui souffle où elle veut, qui est par définition anarchique, suggérant ceci ou cela qui ne convient pas nécessairement au moment ou au lieu de l'histoire, qui ne convient parfois pas du tout à cette œuvre en particulier. Pour s'en convaincre, il suffit de voir les cadavres, les déchets abandonnés en cours de route par des écrivains comme Flaubert, Proust ou Joyce. En soi, ces retailles paraissent du même tissu que le texte, d'égale qualité veux-je dire. Pourtant, il leur manquait la qualité essentielle, soit de s'intégrer parfaitement au propos de l'auteur, au moment du propos, dans l'harmonie des mêmes couleurs. Ces retailles ne contribuaient pas suffisamment au sens général, ou bien elles l'affaiblissaient, le combattaient même. Fussent-elles inspirées ou admirables, elles n'étaient dignes que de biffures, étant donné l'économie générale et la marche du texte.

Le jeune écrivain qui comprend ce rapport entre l'économie générale de son texte (sa visée) et l'écriture ou la fabrication du texte, ce jeune écrivain a déjà fait un pas du côté de la maturité. Je dis écriture, mais il conviendrait d'entendre partout réécriture, repositionnement de la conscience qui écrit, ratures, où les termes s'ajustent enfin dans un but global, où les scènes sont repensées à la lumière de l'ensemble, où les chapitres sont autant de pièces à peine signifiantes en soi mais éclairantes quand tout à coup leur rassemblement dégage la figure du puzzle. On n'écrit pas au hasard, au petit bonheur de l'inspiration, pas plus qu'on n'assemble au hasard les briques qui construisent sa propre maison.

... au Québec

Histoire et fiction[1]

Contrairement aux apparences, la fiction n'est pas toujours éloignée de l'histoire, elle n'est jamais en tout cas son contraire, et l'expression qui affirme «C'est de la fiction», pour dire que quelque chose n'est pas vrai, mériterait d'être remise en question. Parce que la fiction romanesque, par exemple, entretient plusieurs types de rapports avec la réalité historique.

Il peut y avoir en premier lieu, dans le roman, un rapport direct de représentation du réel historique. Les faits, à peine transposés, sont nettement identifiables, parfois les noms même des acteurs de la scène historique demeurent inchangés. Que l'on ait affaire au roman historique ou non, ce phénomène se retrouve dans toutes sortes d'esthétiques, y compris dans le roman moderne, même s'il n'y acquiert pas la massivité qu'il avait dans le roman

1. Notes en marge de la réception du prix Mérite culturel gaspésien, décerné par la Société historique de la Gaspésie, le 23 juillet 1989.

historique du XIXᵉ siècle. Dans *Guerre et Paix*, Tolstoï parlant de Buonaparte ou de Napoléon parle bien du même personnage que les historiens ont décrit, il ne se gêne d'ailleurs pas pour emprunter à ces derniers des paragraphes entiers qu'il rendra à la littérature en leur faisant subir de légères modifications. Cela ne signifie pas cependant que tous les personnages de ce roman sont historiques au même titre. Le prince André, Nicolas, Boris sont trop mêlés au tissu de la fiction et la servent trop évidemment pour n'être que des personnages directement puisés dans l'histoire de la Russie. Il paraît donc certain que même chez les auteurs de romans dits historiques, le rapport entre la fiction et le réel historique est complexe.

Ce deuxième rapport à l'histoire, dont je vais parler, est plus subtil que la simple reconstitution historique. La fiction s'y présente comme une interprétation du réel, privilégiant une partie seulement des faits qu'elle met en scène et dont elle tente surtout d'établir les causes possibles. En bref, la fiction fait passer l'histoire, et la petite histoire, de leur statut de discours vrai à un autre statut, celui du discours vraisemblable. Ce n'est déjà plus de l'histoire, et pourtant les deux discours peuvent relater des événements identiques dans leur matérialité. C'est que la visée du texte a changé: elle n'est plus dévouée à la véracité des faits mais s'attache plutôt à rendre nécessaires les faits rapportés ou inventés, compte tenu d'un autre système de valeurs. Les faits racontés renforcent la crédibilité des personnages et le développement de l'ensemble du texte, les paramètres mesurant le rapport au réel sont passés dans l'œuvre elle-même plutôt que de continuer à se poser entre le texte et le référent historique.

Pourtant le texte de fiction continue à parler fortement du réel, mais il le fait sur le même mode que l'image, puisqu'il y a un écart entre l'événement historique sur lequel il s'appuie et l'événement représenté. Le rapport au réel est médiatisé, il passe dorénavant par un objet opaque qui produit une multiplicité de sens comme tous les objets symboliques, plutôt que de se confiner à la fonction référentielle pure et simple. Il conviendrait sans doute mieux de parler ici d'*exemplum*, c'est-à-dire d'un exemplaire possible du réel, ou de la matérialisation au moyen du langage d'une possibilité du réel. Voilà la revanche de la fiction sur l'histoire, et c'est là que réside l'immense pouvoir d'attraction de la première, car si elle peut rendre compte des faits historiques et des sociétés comme l'histoire nationale, la fiction le fait cependant en intégrant à son discours un parti pris qui n'hésite pas à trancher, à choisir dans la masse des faits ceux qui ont le plus de chance de signifier fortement, et son entreprise finit par rendre «comme si on y était» un ensemble d'événements vivants. Elle dégage le sens de l'histoire, si l'on veut, mais pour le réinvestir aussitôt dans un ensemble de représentations qui font voir ce sens à l'œuvre, tel que joué par des acteurs inventés mais concrets.

La fiction peut bien sûr se tromper quant à son objet historique, mais elle ne se trompe pas quant à son objet fictif. Elle ne prétend pas dire autre chose que ceci: voilà des événements possibles, qui ont pu se produire, qui auraient pu à la rigueur se produire! Et comment lui reprocher de dire ce qui est possible, d'autant plus que ces choses possibles décrivent souvent mieux notre réalité que les acteurs réels pris dans les événements réels. Dans l'histoire nationale, ces derniers sont déterminés et limités par les contingences historiques de l'épreuve de vérité, tandis que les contenus de fiction se doublent d'un commentaire et multiplient les facettes qui permettent d'éclairer la réalité. Quand l'écrivain pense « Si les choses s'étaient passées autrement », il est sans doute dans le rêve, mais lorsqu'il écrit comme si les choses se passaient autrement, il est dans le possible, presque dans l'action, il construit des analogues du réel ou des mouvements complètement divergents, mais cela désigne toujours d'une façon ou d'une autre la réalité du monde.

Enfin la fiction a peut-être un autre avantage sur l'histoire en ce sens qu'elle s'enfonce plus facilement dans les questions de motivation, de mentalité, de sentiment, de passion, bref dans tout ce qui fait avancer l'histoire dans la nation et « l'histoire » dans le texte. Le discours de fiction est un discours global, qui embrasse la totalité de l'être humain, parce que son propos consiste à représenter de la façon la plus juste ceux qu'il met en scène, aussi bien dans leur extériorité et dans les conséquences de leurs actes que dans leur intériorité la plus secrète. C'est un discours pluridisciplinaire par définition, mais non pas scientifique, en ce sens que tous les savoirs peuvent y être utiles en tant que moyens de représentation et non en tant que concepts produisant des objets de connaissance.

Il m'arrive de prendre un malin plaisir à utiliser l'histoire comme toile de fond, c'est-à-dire comme pure condition du vraisemblable, et de mêler de façon inextricable le vécu et l'imaginaire, non pas pour brouiller les pistes – que m'importe d'être identifié ou non à un personnage! – mais pour construire avec vraisemblance un objet de fiction, quitte à construire ma propre personne en personnage, à me transformer sans reste en objet de fiction. Et ce n'est pas du narcissisme, car c'est seulement dans l'écriture que ce que je dis, pense ou fais a quelque chance, me semble-t-il, d'atteindre à la signification. Parce que la fiction, contrairement au réel, est un système, une organisation qui intègre tous les éléments dans une unité supérieure et les fait signifier. C'est un produit formel qui s'écarte des lois naturelles ou sociales pour mieux en décrire les aspects fondamentaux, pour mieux les montrer à l'œuvre dans un portrait dynamique.

Si tel personnage est vrai, c'est parce que j'en ai emprunté les traits et une partie des agissements à des personnes réelles et que j'en ai complété la mise en forme avec mes propres désirs, mon propre rapport aux choses et à l'histoire. Que Flaubert dise «Madame Bovary, c'est moi» n'a rien d'étonnant, puisque c'est toujours le cas, mais il aurait pu aussi bien dire: Madame Bovary, c'est elle, c'est-à-dire n'importe laquelle qui rêve sa vie, parce que lui aussi, Flaubert, rêvait d'être ailleurs et pouvait donc construire ce portrait fictif avec la certitude de rejoindre l'âme de son temps.

De mauvais lecteurs vous reprocheront de ne pas être assez dans l'histoire; c'est qu'ils ne comprennent pas que chaque élément de la fiction est généralement pris dans l'histoire et que la fiction raconte à sa manière les alentours des événements dont l'histoire n'a pas le temps de traiter; ils ne voient pas que la fiction, ne possédant pas tous les documents sur ces alentours, les imagine de manière à compléter le portrait, figure intégrale replacée dans son temps, son milieu, ses valeurs, ses motivations. Mais c'est le phénomène inverse qui se produit le plus souvent au Québec, où le rapport à l'histoire est faussé, pour des raisons qui me paraissent encore obscures mais qui entretiennent certainement des liens avec notre statut politique, pays biculturel, bi-institutionnel, biparlementaire, bilingue, comme un tremplin idéal vers le bégaiement, la diglossie, la schizophrénie culturelle. On vous louangera surtout de déraper, d'échapper à l'histoire, de planer dans quelque éther comme s'il s'agissait là d'une vertu!

À l'instar d'un Trudeau en politique, qui se disait citoyen du monde, c'est-à-dire de nulle part, pour mieux flétrir le peuple qui l'avait mis au monde et porté au pouvoir, nous possédons en littérature nos abstracteurs de quintessence, critiques ou chercheurs pétris d'idéal, curieusement porteurs d'un modèle emprunté à plusieurs cultures à la fois, modèle bâtard, non intégré, inopérant. Ils cherchent fébrilement l'auteur ou l'œuvre qui nous sauvera, c'est-à-dire qui nous fera oublier le passé et même le présent, ils s'excitent sur tout ce qui étonne, dépayse (au sens étymologique), comme si nous étions des sujets plus méprisables que n'importe qui d'autre. Ils voudraient que l'auteur d'ici soit, tout à la fois ou alternativement selon l'humeur, Zola, Tolstoï, Kundera, Grass et Ricardou, dans une sorte d'amalgame qui ne tient compte ni des conditions historiques d'émergence des mouvements et des œuvres littéraires, ni du contexte socio-culturel du Québec contemporain.

C'est pourquoi notre establishment littéraire, majoritairement composé de professeurs bienveillants et d'écrivains à temps très partiel qui contrôlent presque sans le savoir tous les appareils, depuis la formation scolaire, la critique, les prix, les revues, jusqu'à l'édition, dans un esprit parfaitement scout – censurant à droite à gauche tous ceux qui ne marchent pas exactement comme eux –, c'est pourquoi notre establishment adore les œuvres tombées de nulle part, qui ne renvoient à rien sinon à la fantaisie, les champignons nés de la dernière pluie, les raclures d'idéal. On se méfie maladivement de ce qui nous pointe du doigt, de ce qui nous désigne dans notre plate réalité d'habitants des plaines, de la savane ou des bords de mer, d'habitants de villes trop neuves aussi comme un manteau trop grand appartenant au voisin. Est-ce parce que le Canada, pays cool et tranquille, «un endroit, pas un pays» disait de façon cinglante ce concitoyen d'origine haïtienne, est un des rares pays du monde où il ne se passe jamais rien, sauf des meurtres, où tout est toujours à recommencer comme les routes? Est-ce parce que le Québec possède un statut si incertain qu'il ne donne pas prise à l'imaginaire? Je ne sais pas. Je dis que le fait de désigner des moments de notre histoire et d'y prendre appui ne constitue pas en soi une faute de goût, et qu'une certaine critique liée aux établissements d'enseignement et aux médias électroniques devrait sans doute rajuster ses lunettes afin d'assumer une fois pour toutes ce destin collectif au lieu de le chercher n'importe où, pourvu que ce soit ailleurs.

Le seul critique qui ait poussé la réflexion assez loin pour saisir la portée de cette question et en traiter de façon pertinente est, à mon avis, Gérard Tougas. Dans *Destin littéraire du Québec*[2], il dressait un bilan juste des enjeux de notre littérature par rapport à la littérature mondiale. C'était une révolution. Mais l'ensemble de nos commis à l'écriture, de nos bêtes à plume, préférant se tenir solidement perchées sur leurs préjugés plutôt que de prêter l'oreille à cette nouvelle argumentation, l'ont accueilli froidement.

Ce sont pourtant les œuvres bien inscrites dans leur contexte sociologique qui rejoignent les goûts du public, les œuvres qui parlent du peuple au peuple. Cette littérature-là existe et se vend, au grand dam de nos savants lecteurs qui auront tôt fait de proclamer que ce n'est pas de la vraie littérature, puisqu'elle est lue! Soit! L'institution littéraire québéco-canadienne innove en établissant cette étrange équation. Je ne connais cependant aucun auteur digne de ce nom qui n'ait d'abord conquis le public de son pays avant d'être reconnu à l'étranger. Faire l'économie de son peuple pour accéder à l'universalité, c'est une drôle d'histoire que seul un pays qui nie sa propre réalité peut inventer.

Maintenant que nous avons rattrapé le train universel des valeurs, des idées et des mouvements de pensée, il ne s'agit pas de choisir des sujets universels – ce serait sombrer dans l'abstraction –

---

2.   Montréal, Éditions Québec/Amérique, 1982, 208 p.

mais bien au contraire d'aller vers le particulier, de désigner sa différence, et de la désigner avec tant de force et de clarté qu'elle devienne universelle. Car c'est dans la singularité du regard, dans la vérité universelle du regard singulier que l'on fonde une littérature et non dans l'universalité de l'objet ou du thème. Toute littérature est d'abord nationale avant d'accéder à l'universel, et à force de vouloir écrire le fin mot de l'être humain contemporain sans passer par sa propre histoire, on finit par ne rien dire de rien, par ne construire que des formes vides.

On constatera cependant que c'est de moins en moins le désir et la pratique des écrivains et des artistes, puisqu'ils rangent parmi leurs certitudes – ils n'en ont pas beaucoup d'autres – le fait de savoir d'où ils viennent et où ils vont. La critique institutionnelle suivra, cinquante ans en retard, comme toujours, sauf une ou deux exceptions qui ont déjà saisi le mouvement et le sens de notre littérature immédiatement contemporaine.

De l'autonomie en littérature

Sans entrer dans les notions de codes linguistique, social, idéologique, de code littéraire, ou plus particulièrement d'institution littéraire comprenant les appareils et la norme, ainsi que les définit André Belleau dans *Le Romancier fictif*[1], qu'il me soit permis de poursuivre la réflexion sur le roman québécois dans son contexte culturel, c'est-à-dire en tant qu'œuvre d'Amérique subissant de façon plus ou moins marquée l'influence française.

Il y a en effet dans le discours romanesque québécois un énorme problème de clarification quant à ses appartenances. Le lecteur québécois, même profane, sent fortement que nos romans ne sont pas français: ils comportent un contour, un halo, une atmosphère qui les rapprochent en général davantage de la littérature américaine. Peut-être même de la littérature des Amériques. Mais cette spécificité n'est pas facile à

---

1. *Le Romancier fictif*, Montréal, Les Presses de l'Université du Québec, 1980.

définir. On parle souvent de lisibilité plus grande, de linéarité du récit, de réalisme, de littérature du constat, de prédominance de l'action sur la description, de littérature apsychologique. Il y a aussi le phénomène des marques de l'oralité, beaucoup plus présentes dans la littérature de l'Amérique latine que dans celle de l'Europe de l'Ouest. Les littératures latino-américaines et québécoise intègrent souvent dans le roman les structures du conte populaire, la logique du merveilleux aussi bien que les raccourcis diégétiques, enfin le ton osé de la tradition orale. Notre littérature n'est évidemment pas française et, en dépit de ce que peuvent prétendre quelques pontifes lénifiants, elle n'a aucun intérêt à le devenir.

Réfléchissons un moment à cette question. Si les appareils de l'institution littéraire, comme la critique, les prix, sont bien tenus par des Québécois ou des Canadiens, il en va autrement de la norme qui préside à l'écriture (entendez ce qui régit les discours, la langue, les modèles formels, les choix esthétiques de l'écrivain), qui serait, quant à elle, surtout française. Et dans son analyse de *Poussière sur la ville*, André Belleau[2] en arrive à une conclusion juste mais troublante: Langevin aurait tenté de transposer dans une ville western, qui ne comporte qu'une rue et qui s'appelle Macklin, une norme plutôt conçue pour une ville française, dont les rues offrent des espaces et des fonctions multiples. Autrement dit, le drame mis en scène s'ajuste assez mal à son lieu, parce qu'il s'y trouve à l'étroit; il s'y adapte malgré tout, mais il n'est visiblement pas né des lieux qui servent de paramètres

---

2. *Idem.*

à son action. Alors je me pose la question suivante: pourquoi ne pourrait-on pas carrément produire une norme québécoise qui soit suffisante et nécessaire pour inscrire notre culture dans nos lieux, selon nos valeurs et nos comportements socio-culturels? Ça ne veut certes pas dire qu'on doive rejeter carrément la norme française, mais à tout le moins en produire une nouvelle à partir de celle-là, comme l'ont fait la plupart des pays d'Amérique par rapport à leurs anciennes métropoles. Invoquer l'argument démographique en cette matière comme dans le cas de la langue ne résout rien, c'est une réponse aliénante de la part de ceux qui trouvent plus facile de nier l'existence même de la question. En y regardant de plus près, on constaterait d'ailleurs que beaucoup d'écrivains québécois ont déjà posé l'essentiel de cette norme. Comme toujours, ce sont les pratiques d'écriture qui dessineront cette norme, et la critique, au lieu de nous embourber dans de fausses pistes en se contentant de dire que nous ne sommes ni Français ni Américains ni Amérindiens ni rien, la critique devrait faire son travail et dégager les éléments fondamentaux de cette norme québécoise en les séparant des simples effets de style individuel.

Si on admet la pertinence de ce genre de classi-fication qui s'appuie sur nos rapports culturels avec la France et avec l'Amérique, je dirais qu'il y a trois grands types d'écriture romanesque au Québec, et j'irais jusqu'à affirmer que l'ensemble est moins étroitement dominé par la norme française qu'on ne le pense habituellement.

Postulons donc qu'il y aurait d'abord les écrivains qui tentent d'accorder la langue, la culture qui est la nôtre, avec une norme d'inspiration américaine: je songe par exemple à Yves Thériault, à Jacques Ferron, à Victor-Lévy Beaulieu, à Michel Tremblay, à Yves Beauchemin, pour n'en nommer que quelques-uns dans la littérature récente. Le petit pays que constitue le Québec a beau ne pas faire le poids sur le plan démographique, il me semble que ces auteurs ne doivent pas grand-chose aux règles qui régissent le roman français, mais qu'ils appartiennent au contraire à un mouvement culturel que l'on peut qualifier d'américain, tant sur le plan des modèles que des formes de l'écriture. Michel Tremblay constitue un cas bien particulier cependant : contrairement aux apparences, lui qui utilise beaucoup la langue régionale de l'est de Montréal, semble pourtant se conformer presque entièrement à la norme française, en ce sens que dans ses œuvres romanesques il désignerait la langue montréalaise comme phénomène hétérogène par rapport à son propre discours narratif. Autrement dit la langue jouale, pour Tremblay, c'est la langue des autres... et son écriture le signale par la citation ou les guillemets. Voilà ce qu'affirme la critique savante, et cela est sans doute vrai sur le plan syntaxique : la syntaxe de Tremblay est conforme à l'usage français. Mais cette affirmation est fausse sur le plan lexical (Tremblay utilise à bon escient la langue française du Québec), comme on le constate en ouvrant l'un de ses romans au hasard :

La directrice pouvait donc mentir tout à son aise et farfiner honteusement sans que ses victimes n'en sachent jamais rien[3].

---

3. Michel Tremblay, *Thérèse et Pierrette à l'école des Saints-Anges*, Montréal, Éditions Leméac, 1980, p. 34.

ou encore:

> Elle restait debout, raide et pâle, devant le
> bureau de la directrice et s'attendait presque à
> voir le ciel lui tomber sur la tête sous la forme
> d'une religieuse rendue folle par la rage et qui
> fesserait partout en même temps comme un
> gros oiseau noir [...][4].

Dans le premier exemple, on voit l'auteur utiliser dans sa propre narration le terme «farfiner», variante de «fafiner», c'est-à-dire un québécisme signifiant tergiverser ou ruser. Dans le second exemple, il recourt au verbe «fesser», québécisme sémantique puisqu'en contexte ce verbe signifie «frapper» et non pas «frapper sur les fesses» comme en français standard. On trouverait facilement des dizaines d'exemples de cette nature.

Celui qui me semble fournir le meilleur modèle, avoir mis au point une écriture qui s'approche le plus de ce que j'entends par une norme québécoise, du moins quant à l'utilisation de la langue, c'est Jacques Ferron. On ne peut certes pas lui reprocher de recourir à des québécismes par ignorance, lui qui manie toute la langue française avec une belle aisance. Bien au contraire, chaque terme qui est posé dans sa narration est utilisé avec discernement, et c'est seulement quand il veut produire un effet particulier, ou quand le terme équivalent français manque, qu'il recourt à un québécisme nécessaire et suffisant. Se priver de nommer une réalité d'ici faute

---

2. *Ibid.*, p. 35.

du mot approprié, c'est l'habitude des beaux parleurs sans doute, mais c'est tout le contraire de la tâche de l'écrivain. Jacques Ferron ne s'en prive pas, lui, sans que cela affecte le moins du monde la qualité de sa langue.

Je tire quelques exemples de *L'Amélanchier*[5]. Tinamer parle de son «orientement» (p. 9) parce que le terme «gouverne» eût certes paru prétentieux dans la bouche d'une enfant. À la page suivante, elle décrit «un bois de repoussis», pour dire qu'il y avait dans cette forêt de son enfance surtout des repousses, dont elle profitait «avant la maringouinaille». Ce dernier terme désignant précisément le phénomène: non pas un ou des moustiques, non pas un ou des maringouins, mais l'époque des nuées de maringouins, le suffixe «aille» étant gentiment péjoratif. Il me semble que c'est cela, sentir la langue, ses possibilités, et la mettre au service de l'expression d'un pays, à la fois espace géographique et espace culturel. Ferron s'amuse de plus à traduire en phonétique conforme au génie de la langue française des mots ou des expressions anglaises. «Ouhonnedeurfoule-dé!» (p. 11) Signification: cette expression est entendue par une oreille francophone, qui s'en étonne et s'en amuse. Cela aussi fait partie de notre réalité, à part l'étonnement qui passe vite.

À l'autre bout du balancier, il y aurait les écrivains qui s'inspirent de la culture d'ici, sur le plan thématique, mais écrivent selon une norme qui est fondamentalement française: Anne Hébert, Hubert

---

5. Jacques Ferron, *L'Amélanchier*, récit, Montréal, Éditions du Jour, 1970.

Aquin, une partie de Marie-Claire Blais, et ceux et celles qui se réclament de la nouvelle écriture, jusqu'à Nicole Brossard. Chez ces auteurs donc, la compréhension du monde est structurée par le modèle français – encore que dans chaque cas il faudrait nuancer –, ce qui ne les empêche pas, bien sûr, d'introduire dans leurs œuvres des objets et souvent des termes qui appartiennent en propre à la culture québécoise. Mais ils le font en intégrant ces «régionalismes» à une structure qui, elle, est régie par un autre regard, et en désignant souvent de la plume les régionalismes linguistiques.

Le troisième type de romans occupe une position ambiguë par rapport à la norme française, qui est plus ou moins subvertie par le contenu culturel, si bien que le même auteur peut basculer tantôt d'un côté, tantôt de l'autre: je songe à Lemelin, à Langevin, à Ducharme, à Jacques Godbout en particulier, dont le *Salut Galarneau!* est québécois, c'est-à-dire plus inscrit dans la vision nord-américaine, tandis que *Une histoire américaine* ne révèle paradoxalement qu'une vision française de la Californie, entendez ce que tout Français croit déjà savoir de la Californie, parce que la norme, le regard organisateur, la régulation de ce dernier roman appartiennent à la tradition française. On sent que le regard de Godbout est hétérogène par rapport à la culture qu'il décrit, c'est même un regard critique assez superficiel qu'un Américain ne saurait produire comme tel: ou bien l'aspect critique n'y serait pas du tout, ou bien la critique serait encore plus féroce parce que l'auteur arriverait à mieux la fonder sur une longue pratique de cette culture et de ses limites.

S'il y a risque pour nous d'écrire pour une maison française, on en voit ici les conséquences, car la maison finit par imposer à l'auteur des codes, un regard sur le monde, donc une norme qui correspond à l'attente de ses lecteurs, et on pourrait se demander s'il ne s'agit pas tout bêtement de colonialisme culturel librement assumé par l'auteur québécois. On a dit aussi du *Dernier Été des Indiens* de Robert Lalonde qu'il reproduisait la figure de l'Indien telle qu'imaginée par les Français depuis toujours. C'est qu'ici la norme française (le préjugé français) aurait été plus forte que la pratique culturelle locale et que la réalité sociologique.

Le cas de Ducharme est plus complexe. Il transforme la norme française pour les besoins de son discours, même s'il respecte, en surface, l'horizon d'attente d'une maison d'édition française. Il semble tirer sa norme de son sujet lui-même et d'œuvres québécoises qui n'ont apparemment aucun lien avec le discours littéraire, par exemple la *Flore laurentienne* du frère Marie-Victorin. Des sources de structuration comme celle-là lui permettent de tourner le dos à la norme française sans avoir besoin de le manifester ouvertement, mais, pendant ce temps, je crois qu'il contribue à créer une norme québécoise. Il le fait également par l'utilisation constante de termes dans leur acception québécoise et par l'emploi d'une syntaxe qui reproduit les mouvements de la langue parlée du Québec.

Une émission exemplaire

Je vais essayer de reposer ces questions en prenant un exemple qui n'a rien à voir avec la littérature, mais qui suppose exactement les mêmes conditions de réception et illustre assez bien ce que je veux dire.

Quand on a appris, au Québec, que la télévision française avait traduit *Lance et compte* par *Cogne et gagne*, on a ri. Quand on a su que toute l'émission avait été doublée en français, on a été vexés. La langue utilisée par les comédiens québécois de cette série télévisée est du niveau familier, avec des éléments lexicaux du niveau populaire; c'est du franco-québécois qui devrait être à tout le moins aussi compréhensible que l'argot parisien.

En y réfléchissant un peu, une fois la vexation passée, cet exemple m'amène à faire les constatations suivantes:

Le hockey est un phénomène socio-culturel nord-américain d'abord, et l'expression «lance et compte» traduisait exactement, était directement branchée sur cette réalité culturelle (on remarquera les sèmes d'habileté, d'ambition, de victoire, véhiculés par ce titre). Il faut comprendre que tout Québécois qui entend cette expression l'a déjà dans l'oreille, avec l'intonation, la charge émotive qu'y introduisent les commentateurs sportifs. Voilà ce qu'on appelle un contexte culturel ou un discours social. Or en France, l'émission ne pouvait être reçue que dans et par la sensibilité culturelle française, c'est-à-dire que le hockey demeure pour eux un sport plus ou moins connu, plus ou moins violent, où l'on cherche la victoire même au prix des blessures. D'où le *Cogne et gagne*. Ça ne me scandalise pas du tout, ça se comprend même fort bien dans la différence culturelle qui est ici soulignée.

On double l'ensemble des dialogues de l'émission en français pour des raisons un peu plus obscures, mais aussi pour les mêmes raisons. On traduira donc le texte en français de France, dans un niveau de langue équivalant à notre niveau familier, pour rendre la chose plausible et plus accessible à une oreille française. Je ne dirai pas que l'institution française se ferme à la différence, surtout quand cette différence s'exprime à l'intérieur d'une langue supposée commune, mais ce fait désigne en clair le rôle de la norme dans toute manifestation culturelle. Ainsi, par le biais de la langue et de la norme, Paris récupère une œuvre qui, autrement, lui échappait par son contenu et son expression.

Revenons maintenant à la littérature. Les problèmes se multiplient par cent. Jean-Claude Corbeil, auteur du dictionnaire visuel de Québec/ Amérique, faisait remarquer récemment que le mot torrent, un mot banal pourtant, implique au Québec l'idée de volume d'eau : on n'appelle pas « torrent » un filet d'eau qui dégouline le long d'une paroi! Or en France, l'idée de volume n'est pas associée au mot « torrent » : on n'y prend en considération que la manière dont coule l'eau. C'est à se demander si *Le Torrent* d'Anne Hébert peut y être lu correctement, puisque pour des lecteurs québécois, et pour l'auteure, le sème de violence est associé à ce récit dès le moment où le titre est posé.

Le code socio-culturel des Québécois, leurs références à presque tous les aspects de la vie quotidienne, leurs rapports à l'histoire, à l'espace, à l'amour, à l'avenir, à l'Europe elle-même, sont modulés par une perspective américaine (je ne dis pas états-unienne seulement). Autrement dit, nous appartenons à l'Amérique, mais au Québec nous continuons de subir (ou nous croyons que nous subissons) l'influence étroite des codes littéraires français, contrairement aux autres pays d'Amérique qui se sont complètement libérés de la tutelle du modèle européen. C'est le cas notamment des États-Unis, du Brésil, de l'Argentine, du Pérou, du Mexique...

En conséquence, le sort que l'on réserve à une émission télévisée ne se retrouve-t-il pas, *mutatis mutandis*, dans la réception de la littérature québécoise en France? C'est-à-dire que chaque fois qu'une œuvre littéraire québécoise s'éloigne de la norme française, elle risque ou bien de ne pas être reçue, d'être mal lue, ou bien de faire l'objet d'une traduction, si l'on considère qu'elle en vaut vraiment la peine.

On reçoit là-bas d'autant plus facilement ce qui parle d'Amérique qu'il en est parlé à l'intérieur de la norme française, parce qu'alors le dépaysement n'est que partiel: on connaît déjà le code, seul l'objet décrit change. Mais dans cette perspective, la littérature québécoise ne risque-t-elle pas de tomber la plupart du temps dans la catégorie de l'exotisme? Et pis encore, il ne s'agirait que d'un exotisme de contenu!

Je n'accuse surtout pas les Français de vouloir nous maintenir en situation de colonie culturelle, ils s'en fichent, puisqu'à l'instar de toutes les grandes ou moyennes puissances ils n'ont pas besoin de nous. Je nous accuse cependant de ne rien faire pour briser ce cercle vicieux. Car définir une norme québécoise, c'est entrer en dialogue avec cette autre culture, la française, pour intégrer les éléments qui renforcent notre originalité et non pas pour nous y soumettre absolument, au risque de devenir incapables d'exprimer notre propre réalité. Je ne vois pas comment cette dernière tendance pourrait ménager un avenir à la littérature québécoise.

La norme d'ici reste à définir en partie, bien sûr, mais en dehors de la langue il serait souhaitable qu'on le fasse en relation avec l'Amérique surtout, sans rejeter ce qui, dans la norme française, nous permet encore de penser notre monde.

Indépendamment de la lisibilité, il y a une narrativité d'Amérique, une façon non pas de subvertir les genres, à l'européenne, mais de les brouiller; c'est la notion d'impureté qui prévaudrait sur celle du genre, par exemple la fantaisie (fantastique) dans le réalisme (Amérique latine), l'humour dans le tragique (J. Irving), le cru, le primitif, par opposition à l'euphémisme et au raffiné, le spontané opposé au décadent, le lien direct avec l'oralité par rapport au sur-écrit.

Et, pour reprendre l'exemple de la ville de Macklin, évoquée au début de ce texte, ne conviendrait-il pas de produire une norme qui permette d'exprimer ce rapport particulier au monde, les langues, les discours, le drame propres à Macklin, à la fois dans son tissu urbain et social, plutôt que d'importer une règle qui nous force à trancher dans notre propre réel? Je sais que toute réalité sociale, culturelle, géographique ou autre ne sécrète pas les codes susceptibles de l'exprimer, bien sûr. En général, c'est plutôt l'inverse, c'est-à-dire que ce sont les codes, les langages, les normes qui permettent de lire la réalité, donc de la percevoir. Mais dans la mesure où l'Amérique produit une culture originale par rapport aux cultures européennes, ce que tout le monde constate, il va de soi que la littérature de ces pays, y inclus celle du Québec, doit, pour exister à part entière, produire non seulement ses langages mais aussi des normes capables de rendre compte de la totalité de la culture autochtone. À défaut de quoi on se retrouve en face d'un phénomène connu, surtout en situation de domination totale d'une culture par une autre, c'est-à-dire que l'on a affaire à une culture tronquée, sous-produit d'une autre culture, qui perd ses énergies et son sens dans le mimétisme, qui se déplace insensiblement vers les valeurs de l'autre, qui finalement ne sait plus parler d'elle puisqu'elle s'est coupée de ses moyens propres d'expression, bref qui ne sait plus parler. Je suis conscient que ce danger nous guette aussi du côté de la frontière sud.

Quand on affirme que les appareils culturels du Québec sont québécois, ça ne va pas de soi non plus, car le facteur de la nationalité des individus qui occupent les postes n'est pas déterminant. À un Québécois aliéné je préférerais de beaucoup un immigrant ou un Français qui sache lire, en contexte. Si, à Paris, la critique littéraire réussissait toujours ce tour de force d'assimiler sans reste nos auteurs à l'un ou l'autre des auteurs français, on comprend bien que c'est parce qu'ils lisaient mal, qu'une partie des codes culturels d'ici leur échappait. C'est dans l'ordre des choses et qui peut s'en offusquer? Mais que dire de certains critiques officiels, professeurs des universités d'ici ou grands liseurs, qui plus subtilement poussent dans le même sens, forçant des comparaisons outrageantes, cherchant des repères qui leur permettent de gloser sans vergogne dans une totale ignorance, dirait-on, du phénomène de réception populaire, se plaçant eux-mêmes en marge de leur propre culture, en porte-à-faux par rapport à leurs concitoyens?

Il faut tout de même admettre que, depuis vingt ans, la critique est devenue plus autonome. Comme la littérature elle-même, elle cherche moins ses modèles en Europe, du moins la critique des grands journaux. Cette dernière est correcte dans l'ensemble, qu'elle soit ou non consciente de l'énorme rôle qui lui est dévolu, c'est-à-dire de constituer le premier maillon de la chaîne de la réception et, du même coup, un modèle de réception possible. De leur côté, les universitaires avaient coutume d'importer les concepts qu'ils appliquaient, de façon rigoureuse, à une littérature qui n'était pas faite pour les accueillir. Ils s'étonnaient de voir ensuite que l'objet analysé en ressortait tout écrapouti, paraissant plus ou moins débile comme de la cervelle dans un plat. Ça change doucement. Mais ils n'ont pas encore conçu qu'il fallait d'abord redéfinir les concepts avant de les appliquer, ou en inventer d'autres, plus idoines, plus conformes à leurs objets d'analyse. Cela est analogue à la construction d'un bungalow californien dans les Laurentides. Si la maison s'écrase sous la neige, faut-il blâmer l'architecte californien ou les ingénieurs québécois? Il aurait été plus prudent de recourir d'abord aux services d'un architecte québécois, non?

Je ne parlerai pas des autres appareils comme les prix, les médias, les maisons d'édition, les librairies... qui sont supposément québécois. Je ne poserai qu'une question: pourquoi cette frénésie à servir la littérature des autres et si peu d'empressement à servir la nôtre quand elle le mérite? Si vous trouvez que l'image qu'on vous tend est déplorable, il ne faut pas vous en prendre au miroir mais plutôt à vous-mêmes. Car la littérature doit décrire également cela, nos rapports avec nous-mêmes, avec nos vieux démons, et nos rêves de santé nationale. Et notre propre image reflétée dans le miroir du monde.

Une région de la littérature des Amériques

Les Québécois ne sont ni Français, ni Américains, soit! Ils partagent avec les uns le code linguistique fondamental, avec les autres une grande partie de leur culture, de leur mode de vie, de leurs valeurs quotidiennes. Penser le monde en français, le vivre à la manière des Amériques, sur le mode du réflexe: tout est là, c'est notre risque et notre force.

Dans une entrevue de Gilles Archambault avec Susan Cohen (Radio-Canada, le 13 mai 1986), cette dernière énonçait l'idée suivante, à savoir que la littérature moderne américaine est une littérature régionale, c'est-à-dire provenant de régions culturelles et géographiques fort différentes, et dont l'exotisme est par conséquent interne. Cette littérature est ethnique ou plus précisément multi-ethnique.

Je crois qu'en ce sens la littérature québécoise est avant toute chose une région de la littérature du continent américain. Le Québec possède en effet des traits particuliers sur les plans géographique, linguistique et culturel, tout en partageant avec le reste de l'Amérique certaines autres réalités. Notre rapport au monde est donc spécifique, et il appartient aux auteurs d'inscrire cette différence dans leurs œuvres, en décrivant leur univers propre dans ce qu'il a de plus significatif, en réinventant au besoin la langue pour la plier à exprimer de la manière la plus juste cette partie du continent sans toutefois se rendre inaudible à l'oreille de tout francophone. Ce n'est pas une mince tâche!

Bref, on peut concevoir un avenir pour la littérature québécoise seulement si elle arrive à se définir une norme qui lui soit propre, dans la marge de la norme française, mais qui sera davantage à l'écoute de ses contenus et de sa culture propre, laquelle devrait susciter ses propres formes. Parce que, tout le monde le sait, le contenu et la forme sont des aspects du texte qui s'interpénètrent, qui s'informent mutuellement. On peut être Québécois, c'est-à-dire francophone d'Amérique par la langue (je ne prône bien sûr pas le joual), et la norme, et les contenus socio-culturels. Écrire une œuvre qui soit universelle n'est pas un défi insurmontable, car ce qui est bien observé jusque dans le détail infime est commun à tous les humains, quel que soit le lieu où l'action se déroule. *Et l'écrire de façon telle qu'elle n'ait pu être produite qu'ici.* Proust, Joyce, Marquez, Kundera, Grass, Salinger, Irving, Calvino n'ont fait que cela pour leur pays respectif.

L'enjeu culturel

Quand la critique vous louange, ne vous en flattez pas, si elle s'acharne à calomnier une œuvre, n'écoutez que d'une oreille (la gauche rationnelle), car il faut continuer d'écrire pour des raisons qui débordent l'amour-propre et l'étroit réseau des relations immédiates. On écrit pour prêter sa voix, pour donner forme à ce qui grouille autour de soi, pour fixer dans le langage l'état mouvant d'une culture et l'état de sa propre expérience du monde, pour faire progresser la conscience que les gens ont du monde. On écrit aussi pour plaire, je veux dire pour séduire, enchanter le lecteur, certes pas pour lui lancer des insultes à la tête. La plus ou moins bonne réception au moment de sa parution n'est pas toujours significative du destin de l'œuvre, comme nous l'apprend l'histoire de la littérature. Ce qui importe avant tout, c'est de peindre de façon juste et originale la culture et les valeurs que l'écrivain observe chez ses concitoyens, de manière que cette parole-là convienne au plus grand nombre et que le plus grand nombre puisse s'y regarder comme dans un miroir, ne serait-ce que pour le simple fait d'y prendre conscience d'exister. Ce rapport de l'écrivain à la société ne s'invente pas: il est le fruit d'un long apprentissage, de milliers de contacts, d'observations et d'échanges sociaux, qui s'étendent sur toute la partie de la vie antérieure à l'œuvre. L'écriture et la vie personnelle ou collective sont tout à fait intriquées, corrélées, correspondantes.

Comment pourrions-nous en effet rendre compte d'une autre culture sans risquer les points de vue touristique ou journalistique, qui n'ont rien à voir avec les objets de la littérature?

C'est pourquoi la dérive québécoise vers l'autre en tant qu'objet thématique, l'ailleurisme, le mimétisme, l'emprunt de thèmes et de manières me semblent si symptomatiques et si exorbitants, au sens littéral. Je reviens à la charge. Faut-il que nous nous soyons sentis orphelins de père, de mère et de pays pour en arriver là, faut-il être désaccordés d'avec notre monde pour mettre nos voix au service de tout, de n'importe quoi sauf de notre être collectif! Nous avons à peine besoin de colonisateurs historiquement attestés, puisque nous en inventons à la mesure de nos fantasmes comme si nous en avions viscéralement besoin.

Gaston Miron disait vrai dans *L'Homme rapaillé*. L'institution littéraire a pris sa prose pour des fleurs de style et lui a donné des médailles pour ne pas entendre la fêlure dans sa voix.

Notre colonisateur potentiel et effectif possède en effet une face impérative, lisible, imposante comme un masque. C'est l'omniprésence américaine sur le plan économique mais aussi pour tout ce qui touche à la culture de masse et aux différents signes et symboles de la civilisation « à l'américaine ». Soit! Nous n'avons pas inventé seuls l'Amérique.

Je serais toutefois tenté d'introduire à ce sujet une importante distinction: nous sommes aussi d'Amérique, et pour peu que notre langue et nos valeurs propres conservent suffisamment de force et d'originalité pour dire notre partie du continent, je ne vois pas pourquoi nous sombrerions dans un anti-américanisme primaire. Le problème ne consiste pas à partager avec les autres pays du continent certaines formes d'appréhension du monde. Il viendrait plutôt du mimétisme étroit, qui ne fait pas l'effort d'adapter ou de réinventer ses discours en tenant compte de notre réalité propre, ou à l'autre extrême, ce qui ne vaut guère mieux, du rejet intégral de l'Amérique au profit d'une vision du monde française, toute de nostalgie et complètement décentrée par rapport à notre situation réelle. C'est la deuxième face du phénomène, que nos intellectuels ont bien tardé à mettre en lumière. Car comment dire que Paris exerce parfois sur nos appareils culturels un véritable rôle de colonisateur, sans nous faire taxer de xénophobie ou d'obscurantisme? Ces gros mots n'abolissent pourtant pas la chose, ils ne servent qu'à nous interdire de la penser. En tant que puissance culturelle, la France agit comme elle le doit; qui le lui reprocherait? Le bât blesse lorsque ce sont les nôtres, ceux qui devraient défendre sinon porter la culture d'ici, qui nous serinent les mots d'ordre de là-bas, qui persistent à rejeter comme non conformes (mais non conformes par rapport à qui, à quoi?) les œuvres ne répondant pas aux critères et aux modèles de cette autre culture. Que l'on comprenne bien: je ne dis pas que l'on possède une culture autochtone sans lien avec la culture française, ou qui aurait avantage à couper ses liens avec la culture française. Je ne dis surtout pas que l'on devrait produire une culture étroite, fermée sur nous-mêmes, prétendument autonome – et kitsch. Je dis que nous devons défendre notre singularité culturelle dans la mouvance de la culture française. Et que si certains de nos intellectuels l'avaient compris, ils auraient moins l'air de girouettes grinçantes secouées par les mistrals, les zéphyrs ou les aquilons de France. Afin que l'on ne s'y méprenne pas, je dirai tout haut que j'admire les intellectuels – il n'y a jamais de profit pour quiconque à nier l'intelligence des choses du monde, encore moins pour les écrivains ou les artistes –, mais je reproche justement à beaucoup de nos penseurs de n'être pas assez intellectuels, c'est-à-dire d'être incapables de penser de façon claire les conditions d'existence de leur propre peuple, de même que les conditions de sa culture.

Nous sommes de culture américaine, oui, mais non nécessairement états-unienne. De culture française également, mais d'Amérique, le comprendra-t-on enfin, et qui n'a plus tout en commun avec la culture française de France. Un éditeur, qui vit au Québec depuis vingt ans et à qui je demandais si telle maison française faisait lire tous ses manuscrits québécois par un comité de lecture, me fit cette étonnante réponse: «Évidemment, si c'est bourré de fautes de français, on le retourne sans le lire... » Il serait peut-être temps que l'on introduise une subtile distinction entre « fautes de français » et québécismes, entre norme française et usages parisiens ou québécois.

Parce que la face américaine est bien éclairée, l'autre face de notre colonisation ressemble à la face cachée de la lune. On la soupçonne, on la devine, on n'en est pas sûr, on ne veut pas l'admettre. Comme un espace mythique dont on aurait besoin pour respirer, pour fonder son identité déjà trop incertaine, on va jusqu'à proclamer que la culture française est intégralement nôtre, qu'elle est le lieu et le principe de notre identité, qu'on y lit non seulement notre souche et nos origines mais encore la configuration de notre présent. Je parle évidemment de la France des XIXe et XXe siècles et plus précisément des appareils culturels parisiens qui ont si lourdement pesé sur la littérature québécoise du XXe siècle qu'ils l'ont à toutes fins pratiques empêchée de prendre conscience de son appartenance américaine. Il est plus que temps pour nous de fonder, à la manière des autres pays d'Amérique, notre propre norme culturelle et linguistique, différente de la norme française bien qu'appartenant à la même souche. Depuis des années je cherche en quoi cela ferait scandale, et je ne trouve qu'une réponse: au lieu de nous poser dans la solution du problème et de présenter nos œuvres comme faits accomplis, comme textes à prendre dans leur intégrité, nous tentons de négocier leur acceptation mot à mot en tenant surtout compte de la réaction d'un appareil culturel autre, auquel nous accordons librement un statut semi-colonial, dont la réponse va pourtant de soi, est entendue d'avance, puisqu'il s'agit de cohésion culturelle et d'intérêts économiques. On ne va tout de même pas demander aux Français de renoncer au système qui les définit linguistiquement! Ce n'est certes pas le moyen le plus efficace pour obtenir gain de cause que de demander à une autre culture une approbation de nos divergences ou de notre différence.

Il conviendrait plutôt, il suffirait d'assumer cette différence, déjà inscrite de toute manière dans les structures sociales, dans les valeurs, dans la géographie, dans l'histoire, et jusque dans la langue, pour que notre littérature trouve son originalité et que les autres peuples, y compris les Français, reconnaissent en elle une voix particulière dans le concert des littératures et se mettent à la respecter comme on respecte les autres littératures, qu'elles soient dominantes ou non. On ne négocie pas à genoux la reconnaissance de droits, on se contente de les proclamer dans des œuvres dont la force et la cohérence interne justifient tous les emplois particuliers que le traitement du sujet a imposés en cours de route. La langue n'est pas une fantaisie, c'est un chemin nécessaire pour communiquer, et ceci vaut dans la production littéraire encore davantage que dans les actes de communication quotidienne. La langue juste et nécessaire donc, mais nécessairement cela.

Enfin je m'étonne que beaucoup d'intellectuels d'ici et une partie des écrivains n'aient pas encore assumé toutes les conséquences du fait que notre pays se trouve en Amérique.

Que peu d'intellectuels aient départagé la nécessaire maîtrise de la langue française de la non moins nécessaire adaptation de cette langue à nos

usages et besoins, il est là le scandale. Que si peu de
gens, à ma connaissance, dans nos universités, aient
eu le courage au moment opportun de mener à son
terme l'éternel débat linguistique qui secoue périodi-
quement le Québec, en passant d'un extrême à
l'autre, du bon parler français au joual proposés à
tort, l'un et l'autre, comme l'entièreté de la langue
québécoise, ce n'est pas une moindre lâcheté. Que
les médias, de grandes librairies et les organes de
publicité fassent croire au public lecteur que les
livres qui parlent le mieux de lui et qui sont donc
susceptibles de lui apporter le plus sont des best-
sellers de toute provenance, et que nous n'avons pas
vraiment de littérature nationale digne de nous... Je
préfère ne pas m'appesantir sur le sujet pour ne pas
blesser les beaux esprits sensibles.

L'enjeu culturel primordial de la littérature consiste sans doute, comme c'est le cas de tous les arts
de tous les pays, à nourrir la conscience, la sensibilité, l'imaginaire d'un peuple, à la condition bien sûr
que ce peuple se reconnaisse d'abord dans cette
littérature.

Or il s'est passé des choses intéressantes dans la
littérature québécoise des années 80, précisément
dans le sens de cette identification du public lecteur
à la production littéraire courante. À côté d'une
littérature de recherche, parfois exemplaire mais
destinée à un public restreint, d'autres œuvres rejoi-
gnaient en effet la « sensibilité » du public, élargis-
saient le bassin de lecteurs et commençaient à constituer les véritables assises populaires de notre
littérature. Il serait temps que la critique savante en
prenne bonne note, car pour la première fois non

seulement une œuvre mais un groupe d'œuvres échappent aux diktats de l'establishment littéraire, pour la première fois la littérature vivante se produit en marge de la vénérable institution qui croyait la kidnapper éternellement à son profit.

Il n'est pas besoin de s'en cacher. Au XIXᵉ siècle et pour une bonne partie du XXᵉ, ce sont les curés qui ont prescrit les règles du jeu littéraire au Québec; les clercs ont ensuite pris la relève mais sans rompre nettement avec les anciennes habitudes; c'est pourquoi on retrouve encore aujourd'hui de ces critiques savants qui, au lieu de rendre compte des livres, se permettent de donner des conseils aux auteurs sur le mode de la semonce, leur disant après coup ce qu'ils auraient dû écrire, sans tenir compte de la visée de l'œuvre. Ils empruntent le même ton moralisateur, agacé, comme s'ils étaient les gardiens d'une vérité et d'un modèle éternels. Mais quelle vérité? Quel modèle? La littérature vivante se déplace continuellement et déborde de tous côtés les grilles primaires.

Enfin, notre pays possède une caractéristique fort louable mais combien discutable dans ses effets: le Canada et le Québec subventionnent la culture, comme on le sait, pour des raisons assez évidentes. Sans cet apport de l'État, à peu près toutes les institutions culturelles s'effondreraient, depuis l'opéra jusqu'aux maisons d'édition. Subventionner, c'est toutefois court-circuiter les mécanismes du marché, c'est à l'évidence fausser les règles du marché culturel. Or cela a pour effet de placer aux postes de commande les administrateurs et les penseurs de la chose culturelle et non les producteurs, d'où sans doute leurs sentiments de supériorité sur ces derniers. Mais il y a pis encore : comme la culture est subventionnée, elle doit d'abord répondre de ses gestes et produits devant les appareils culturels eux-mêmes et non pas devant le public, ultime juge dans les autres cultures. On arrive à cette aberration que toute la production culturelle peut à la rigueur se passer du public et tenir lieu de culture canadienne ou québécoise sans être le moins du monde diffusée, sans être passée au préalable par le test fondamental de toute communication : la réception du public. C'est pour les mêmes raisons que la petite bourgeoisie médiatique s'est arrogé le pouvoir de décider, de façon catégorique, de ce qui est bon pour le peuple, allant même parfois jusqu'à vendre au plus offrant, la rumeur est sans merci, cette minute de publicité pourtant gratuite.

On s'interrogera ensuite sur l'inanité des prix littéraires, mis à part le prix Robert-Cliche, qui n'ont évidemment aucune incidence par rapport aux ventes en librairie, sur le dédain de plusieurs libraires à l'endroit de notre littérature, sur les choix parfois douteux de certains éditeurs qui semblent préférer la quantité à la qualité. Si j'étais subventionné à la page, peut-être qu'il me viendrait le désir de noircir beaucoup de papier !

Un historien réputé me confiait récemment que le Québec produit, relativement au nombre d'habitants, presque autant de livres de toutes sortes que la France elle-même. Faut-il vraiment s'en réjouir ? Oui, si tous ces livres sont excellents à tout point de vue – ce qui n'est visiblement pas le cas ; non, si la majorité de ces livres sont quelconques ou franchement

mauvais et viennent encombrer un marché déjà
restreint, simplement pour permettre aux éditeurs de
toucher leurs subventions, ou permettre à tout un
chacun de s'exprimer. La liberté d'expression est un
bien sacré, mais le fait que tous s'expriment ne
signifie pas que tous doivent être publiés. Ma grand-
mère s'exprimait fort bien, Pauline aussi, elles n'ont
pourtant pas jugé bon d'accroître le patrimoine
littéraire. Car cette attitude du tout-à-l'édition a pour
effet certain de détourner le public des livres
québécois. Le public profane était venu de bonne foi
à la littérature québécoise, il se heurte souvent à des
choses sophistiquées, des livres d'institution justement, à d'autres œuvres qui promettent plus qu'elles
ne rendent, mal structurées, parfois même mal
écrites et ennuyantes, le tout étant présenté par les
médias exactement de la même manière unie et lisse.
Comment le lecteur peut-il s'y retrouver? Leurré, il
décide qu'on ne l'y reprendra plus.

Des étudiants me demandent souvent sur un ton
outré: «Mais qui peut se permettre de juger de la
valeur des œuvres?» Je rétorquerai: Mais qui peut se
permettre de ne pas juger de la valeur des œuvres,
puisque tout lecteur exerce ce droit, que cela plaise
ou non? En tant que lecteur je serais tenté de supplier
les éditeurs de se montrer plus exigeants quant à la
qualité des manuscrits. S'ils en sont incapables, qu'ils
s'entourent d'un personnel compétent à cet effet,
plutôt que d'envoyer au four des œuvres dont ils ne
font même pas la promotion, parce qu'elles leur
paraissent trop quelconques, et de compromettre
des auteurs qui ne tiennent tout de même pas à
courir ainsi vers l'abattoir ou l'indifférence.

Il est instructif enfin de constater que même si elle se compose d'individus intelligents, notre institution littéraire est franchement bête. Elle ne possède ni vision globale de son rôle, ni critères d'évaluation éprouvés des œuvres, ni objectifs à moyen ou long terme, ni conscience claire de l'histoire littéraire d'ici. Elle en est encore à une sorte de campagne de bon parler français. Elle ne sait pas plus lire qu'un étudiant de secondaire II, dirait-on, elle s'arrête aux mots et aux figures, sans aller jusqu'à appréhender la totalité de l'œuvre dans sa signification esthétique et sociale. Incapable de repérer du premier coup les œuvres de prose qui marquent leur époque par la puissance du portrait et l'originalité du langage romanesque (car c'est cela qu'on attend du roman), elle préfère souvent les œuvres qui ont l'air de respecter la grammaire et la langue recherchée, croyant qu'elle encourt de cette façon moins de risques de se tromper. On a vu ainsi pendant plusieurs années les prix du roman aller à des œuvres qui ne ressemblaient à un roman ni par le propos, ni par la forme, ni par les structures, ni par le genre, ni par le langage; c'est une performance peu enviable, pendant que des romans remarquables écrivaient sans bruit l'histoire de la littérature québécoise. Je prends Gilles Marcotte au mot quand il prétend que l'institution «a préséance sur les œuvres»[1] et qu'elle s'attribue surtout des prix à elle-même. Le Canada est aussi le seul pays, me semble-t-il, qui se permette de décerner des prix à des

---

1. Gilles Marcotte, *Littérature et circonstances*, Montréal, Éditions de l'Hexagone, 1989, p. 17.

œuvres éditées à l'étranger... bref de couronner les éditeurs étrangers. Y a-t-il façon plus sûre de saper ses propres institutions?

C'est pourquoi je trouve tout à fait remarquable que des œuvres québécoises soient en train de s'imposer en dehors, en marge des prix, des critiques, de toute l'institution qui n'y voit goutte parce qu'elle se trouve en porte-à-faux par rapport à son objet: elle continue de vouloir précéder les œuvres, comme elle l'a fait séculairement, alors qu'elle ne devrait en toute modestie qu'en suivre le cheminement. Place aux critiques! clame depuis belle lurette notre pays tranquille, là où l'on devrait plutôt crier: Place aux artistes!

Pour qui écrire? se demandera-t-on dans ce contexte. Je répondrais qu'il ne faut surtout pas écrire pour l'institution qui est mauvais juge, ni pour la moitié de la petite bourgeoisie médiatique qui n'a d'yeux et d'oreilles que pour les prodiges venus d'ailleurs, ni pour soi-même. Il faut écrire pour ses concitoyens d'abord, québécois ou canadiens, comme on voudra, puisqu'on en est toujours là et que les Canadiens ont le mérite de partager avec nous un ensemble de réalités objectives.

Cela dit, la réponse manque de clarté. J'insiste sur ce point parce qu'on écrit au Québec depuis toujours, à quelques exceptions près, pour soi-même et pour ses amis intellectuels, bref pour l'institution, et cela me paraît constituer une erreur de tir capitale. À cause des prix, à cause des critiques, à cause des institutions d'enseignement qui vous feront peut-être l'honneur de vous mettre à l'étude, à cause de l'académie qui vous fera peut-être signe un jour! Tout

cela exerce une pression qui finit par privilégier les
œuvres de recherche au détriment des œuvres destinées au grand public, pour ensuite les confondre
joyeusement sous l'appellation contrôlée de «littérature québécoise», à prendre avec des pincettes. Mais
a-t-on déjà affirmé en ce pays qu'il est plus difficile
d'écrire pour être lu du grand public que d'écrire
pour convaincre ses amis? Cette dernière attitude
n'est pas en soi plus noble que l'autre, n'a pas davantage droit à notre admiration inconditionnelle! Car,
admettons-le franchement, il y a d'excellentes, de
moins bonnes et de mauvaises œuvres destinées à
un public restreint, il y a d'excellentes et de mauvaises œuvres conçues pour un plus large public. La
tâche des médias, journaux inclus, ne devrait-elle
pas consister à décrire les œuvres dans leurs structures et contenus, à évaluer leur performance esthétique ou formelle, enfin et surtout à définir leur
public cible de manière à briser cet éternel malentendu qui nous fait appliquer aux œuvres d'avant-
garde les critères d'évaluation des œuvres «populaires», et inversement, et n'importe comment?

Dans notre beau, tout de même, grand, trop,
pays froid, si froid, écrire pour ses contemporains
donc, pour son peuple d'abord, comme cela se
pratique ailleurs, que l'on pousse du côté de l'avant-
garde ou que l'on soigne davantage son public. Il ne
s'agit pas de tomber dans le populisme et d'écrire
des romans qui flattent les consciences et les con-
fortent dans leurs préjugés, pour être lu à tout prix,
je veux dire pour se vendre au bon prix. Il convient
plutôt de négocier avec le public le plus large possible les conditions de son acceptation de l'œuvre.

Sans compromis essentiels. Sans facilités. Écrire pour
ceux et celles avec qui l'on partage une histoire, des
rêves de société, des valeurs, pour que la conscience
s'augmente. Ce n'est pas une question de nationa-
lisme, c'est une question vitale pour la définition
même de notre littérature et sa survie. L'écrivain néo-
québécois est aussi un écrivain québécois qui enri-
chit notre patrimoine littéraire et notre imaginaire
collectif par l'apport de valeurs autres, de mots
nouveaux, greffant sa culture originelle à la nôtre,
pour peu qu'on en ait une, et dans la mesure où il
prendra appui sur les réalités de son nouveau pays.
Mais il serait contradictoire, pour l'intégrer à notre
société, de brader notre propre culture en procla-
mant qu'elle n'existe pas et que tout désormais n'est
plus que transculture. Syndrome Trudeau qui mène
tout droit au désert culturel ou à l'assimilation
joyeuse! Car il ne vient pas à l'esprit de nos Durhams
modernes qu'une culture minoritaire, comme la
nôtre l'est dans son pays, ne peut pas se payer le
luxe, bourgeois, du bilinguisme intégral ou du multi-
culturalisme à tous crins sans mettre directement en
péril ses composantes fondamentales : l'identification
de la collectivité à une langue et à un ensemble
d'objets et de pratiques culturelles déterminés, de
même que l'utilité générale et comme-allant-de-soi
de cette langue dans tous les rapports sociaux privés
et publics. Se choisir d'abord ou s'identifier à une
culture première n'a jamais signifié pour d'autres
nations le rejet de tout ce qui est étranger; pourquoi
notre affirmation culturelle serait-elle synonyme de
xénophobie et même de racisme? Nous avons
vraiment bon dos, les Québécois, un dos que trop de

gens encore et de mauvais politiciens voient toujours couvert de laine à tondre.

Écrire pour son peuple, oui, dans un premier réflexe, afin de cibler son produit et de ne pas parler dans le vide. Voilà un programme qui implique des choix, non pas vraiment dans les sujets mais dans la manière de les traiter. Des choix lexicaux, des choix de structures, de syntaxe, d'écriture. Et que l'institution ronronne en paix! Sinon, on continuera d'écrire pour l'institution, c'est-à-dire pour personne, et il manquera toujours à cette littérature le contact essentiel avec le public qui, seul, lui permettrait de s'établir enfin en tant que culture.

Envoi

Puisqu'à mon avis la fiction parle mieux du monde –
y compris de la création littéraire elle-même – que le
discours rationnel, je ne vois pas manière plus
indiquée de conclure qu'en livrant le texte de fiction
qui suit. Il révèle, entre autres, les raisons qui me
poussent à écrire et que partagent peut-être beaucoup d'écrivains.

Un moyen pour s'échapper [1]

J'ai souvent constaté que le rêve était la seule chance
du réel, sa cause probable, sa respiration. Tout
enfant, j'avais compris que le poisson raconté par le
pêcheur était beaucoup plus beau que le poisson
pêché, surtout qu'il était plus conforme à l'idée que
l'on se fait du poisson, indépendamment des

---

1. Texte commandé par Radio-Canada et lu sur les ondes MF le 10
juillet 1989.

espèces que l'on met dans son assiette. Le poisson raconté était toujours plus grand, plus vigoureux, plus aérien, il ne fallait pas beaucoup d'imagination pour lui inventer des ailes. C'est que le pêcheur les avait sur sa langue, les ailes, dans sa façon de décrire les sauts, les avancées soudaines, les résistances de la bête farouche, sans nous épargner la lutte impitoyable qu'il avait lui-même livrée: on aurait dit le combat d'Achab contre Moby Dick en personne. Car la parole transformait aussi bien le causeur que l'objet de son discours. Mais dans nos assiettes, son exploit s'était transformé en morceaux indistincts, blanchâtres, bourrés d'arêtes, à peine comestibles. «Mange ta morue, disait maman, ou tu te passeras de dessert!» Je préférais déjà le récit de pêche au produit de consommation, même si je savais depuis toujours que la morue n'est pas un poisson très combatif et que mon père en rajoutait pour enjoliver son récit. Il succombait à un genre, il faisait de la littérature.

Je pourrais faire comme lui en parlant de ce très doux tremblement de la matière qu'on appelle la vie, menacée en permanence mais têtue, fascinante dans la mesure même de sa précarité, inquiétante dans la mesure de sa puissance chaotique. Mais je préfère m'en tenir à la réalité qui fait rêver, sans détour.

Pensons un instant à l'eau, cette merveille! et convenons d'abord qu'il y a des amateurs de lacs, les lacs des Laurentides par exemple! Ils s'en contentent parce qu'ils y sont nés sans doute. Ils piquent une tête dans l'une de ces mares lisses comme des miroirs, ils en ressortent tout ragaillardis, fiers d'avoir agité en cadence leurs bras et leurs jambes, tremblants mais renouvelés. Puis ils prennent une serviette et s'essuient en contemplant leur reflet dans l'eau. Ils sont chez eux, on dirait qu'ils sont à peine sortis de la maison, et le lac leur renvoie une image familière.

Quant à moi, la scule vue de l'une de ces étendues d'eau noirâtre me remplit d'horreur. Je frissonne avant d'y tremper l'orteil car je sais que je ne pourrais guère m'y aventurer sans m'y noyer: je n'ai rien du poisson d'eau douce, je coule à pic. Alors j'envie un peu ceux qui réussissent à faire des voltiges au-dessus de ce gouffre dont on n'aperçoit que la surface traîtresse. Si j'y plonge la main, il me semble que l'eau est mince, dure, presque sèche. Ce n'est pas une eau caressante. Et j'éclate de rire quand mes amis prétendent que de l'eau, c'est de l'eau, et qu'il n'y a aucune différence entre un lac et la mer, à part l'addition d'un peu de sel.

Non! la mer n'a rien à voir avec les lacs! Terriblement vivante, elle ne reconnaît pas son lit, ni les frontières, ni les langues. Regardez-la un instant. Du plus loin au plus proche, cela vous change ses couleurs, cela remue dans tous les sens, ça chuinte, ça produit une rumeur du tonnerre et ça vient se coucher à vos pieds en grondant, avec parfois un petit claquement sec comme une parole reprise avant d'être prononcée. Et parce que la mer ne peut pas vraiment parler, elle vous lance aux narines des effluves qui vous chavirent, comme si vous étiez en train de renifler des parfums de femme dans l'arrière-boutique d'un marchand d'épices. Vous marchez le long de la grève, elle vous suit, vous remontez la plage, elle fait des efforts monstres pour vous suivre encore. Vous y plongez la main... et vous comprenez tout. C'est divinement mouillé, l'eau de la mer, c'est quelque chose de lourd qui résiste à la poussée, qui persiste entre les doigts. On la saisit entre le pouce et l'index, c'est onctueux comme un grain de café, c'est tendre comme le lobe d'une oreille. Et quand vous vous y avancez, elle vient à votre rencontre avec des sauts maladroits de jeune chien, elle fait l'impossible pour vous plaire en vous mordillant le mollet. Vous vous, abandonnez à son jeu, vous partez à la dérive sans bien vous en rendre compte, et vous êtes comme un poisson dans l'eau parce qu'elle vous porte sans faillir. Voilà pour la tendresse de la mer.

Je n'ai encore rien dit de son autre versant, dangereux certes mais si envoûtant, sa face cachée si l'on peut dire, connue seulement des pêcheurs et des marins improvisés. Car la mer n'est pas une simple surface, elle passe son temps à nous le rappeler. C'est un être de combat, une hydre insaisissable, une joueuse de tours à peine honnête. Tout ce qui remue dans ses profondeurs finit par remonter, elle a des mouvements d'entrailles qui vous prennent à contre-pied et vous laissent pantois comme au seuil de votre naissance. Vue de haut bien sûr, je veux dire par les touristes, elle semble des plus tranquilles, mais dès que vous vous embarquez sur quelque chose qui flotte, alors, là, tout s'enclenche. Votre destin est noué à son humeur: si vous ne faites rien, elle vous mène à sa guise, en son lieu; si vous résistez, le combat, ou devrais-je plutôt dire le plaisir, le plaisir commence. Vous devez assurer votre cap, votre vitesse, votre équilibre, vous fendez l'eau

violemment, avec ce bruit de saumure que l'on
brasse, elle vous soulève, elle vire, elle vous lâche
soudain, votre gorge se serre, mais elle vous reprend, parce qu'elle reprend toujours en s'arrangeant
pour vous faire croire le contraire. C'est un vertige
semblable à celui qu'éprouvent le joueur d'échecs
quand il avance son fou, en biaisant, le coureur auto-
mobile quand il attaque la courbe, ou celui qui joue
sa dernière chemise au poker dans une gargote de
mauvais quartier.

J'aime jouer à colin-maillard avec la mer, en ne
sachant jamais si je ne suis pas en train de jouer avec
la mort, sur cette crête fragile qui bouillonne, dans
l'immédiat sans lendemain. Elle, elle porte toujours
le même bandeau à dentelle d'écume, elle ne peut
pas vraiment voir. De mon côté, je n'ai pas assez de
tous mes yeux et je ne suis pas certain d'avoir bien
évalué son dernier mouvement de hanche. Il arrive
que ce ne soit là qu'un leurre et que l'attaque vienne
du côté que l'on croyait sûr. À ce moment-là, plus
rien n'a d'importance que le geste qui me posera
d'un coup en face d'elle, à contretemps de son
rythme, mais sur la même crête où nous avons
quelque chance de nous rencontrer. De nous
manquer peut-être. Je me bats contre un être invi-
sible, un monstre à éclipses, direz-vous, mais c'est
précisément dans ces moments-là que j'ai la certitude
d'exister, à cheval sur la frontière du rêve, penchant
d'un côté puis de l'autre, mélangeant mes limites à
son déferlement infini. Je vivrais de mourir contre la
mer, moi.

La mer appartient toutefois au registre des choses
de ce monde, elle n'est pas toujours à portée de

main, elle ne vient pas souvent mugir à la fenêtre par
où j'essayais de m'échapper. Je connais mieux encore, sans le risque du déplacement.

Avez-vous déjà songé que seul l'amour, je parle
du sentiment, peut transfigurer l'existence au point
que ce qui nous semblait auparavant insurmontable
devient tout à coup léger, que ce qui nous était
travail devient plaisir, que l'indifférence se transforme en nécessité? Dans ces états d'enthousiasme,
on cligne de l'œil et il nous semble avoir vu le
monde danser, on lève le petit doigt et l'univers se
met à chanter, si bien que l'on s'en croit le chef
d'orchestre. Délicieuse illusion!

Il m'est arrivé quelquefois d'avoir les yeux
dessillés par l'amour. Bien sûr, elle était si..., elle
était tellement..., elle avait des cheveux de lumière
blonde, elle entrait dans ma vie comme un ouragan,
elle n'avait plus besoin de parler, elle était souve-
raine par sa seule présence. Je ne demandais rien de
plus, que sa présence. On pourrait rétorquer «Oui
bien sûr, l'amour, on connaît! Les anciens le dési-
gnaient sous le vocable de "faiblesse", comme
quelque chose qui relève à la fois de l'aveuglement
et de l'enthousiasme, qui transforme, d'accord, qui
vous rend conscient d'exister... au même titre
qu'une maladie mortelle. » Soit! Je ne prétends pas à
l'originalité en ce domaine. Puisque la race humaine
s'est reproduite jusqu'à nos jours, il y avait sans
doute une étrange motivation cachée sous la racine
du désir.

Je ferai pourtant remarquer que l'événement le
plus extraordinaire ne réside pas dans la rencontre
de deux désirs mais dans la modification qui s'opère

à l'intérieur des consciences. Cette personne, que d'autres ne voyaient manifestement pas avec mes yeux, avait réussi d'un coup à transformer l'univers, du moins à mes yeux. C'est elle qui m'avait posé dans le monde, au milieu d'un concert que j'entendais pour la première fois. Il me semblait que les fenêtres laissaient passer plus de lumière, que la lumière était éblouissante, que je dansais au lieu de marcher, que plus rien ne se refermait sur moi sinon comme un espace de tendresse. Pour une fois, le réel ne m'était plus contraire. Infiniment malléable et sensible, il ne faisait que vibrer dans le prolongement de mes désirs. J'étais en harmonie. On a beau dire, l'harmonie est voisine du bonheur. Et c'était une harmonie presque bavarde, un dialogue ininterrompu où, je le jure, je ne faisais que placer mon mot de temps à autre, simplement pour signifier que j'entendais bien ce qu'on me disait à l'oreille. Des milliers de petites voix s'étaient levées soudain pour clamer leur existence, sans acharnement, des centaines de couleurs s'imposaient, sans violence. Je sais qu'un philosophe pourrait résumer la chose en disant simplement que le monde avait enfin un sens, celui du cœur.

Pour être honnête cependant, j'avouerai qu'il m'arrivait de la confondre, elle, avec les nouveaux objets qu'elle avait suscités en moi, sans comprendre qu'elle en était le véritable créateur. J'admirais sans fin la façon qu'elle avait de croiser les jambes en produisant un léger chuintement semblable à du vent dans des feuilles de tremble. J'envie d'ailleurs toujours les femmes de posséder des jambes, je veux dire des jambes qui se plaisent à s'habiller de bas de soie où courent les dessins les plus capricieux, où nos yeux s'égarent à vouloir remonter le long de ces méandres jusqu'à la source. Pris sous le charme, subjugués, nous misons tout sur ce petit carré de soie qui livre, en transparence, beaucoup plus que son équivalent de peau mystérieuse.

L'harmonie qui s'était d'abord posée entre moi et le monde s'était déplacée: voilà que cela chantait maintenant entre sa jambe et la beauté du monde, comme si rien ne pouvait m'arracher à ce pouvoir de séduction, comme si elle cachait soudain l'univers dans les replis de son mouvement.

Un doute pourtant subsiste: pourquoi n'est-elle cet objet chantant que pour moi seul? Pourquoi le délire qu'elle introduit dans mes yeux n'est-il pas communiqué à tous, au point que tous s'écrient en chœur: «C'est elle, elle a sauvé le monde»? J'ai mon idée là-dessus. Il aurait d'abord fallu qu'elle leur tombât dans l'œil, aux autres, avec toutes les conséquences imaginables pour moi. De plus, les gens n'aiment pas nécessairement être sauvés: pris en masse, ils ressemblent à l'univers des choses, ils tentent d'exister avant de partir à la recherche de ce qui paraît un supplément d'être sinon un luxe, je parle du bonheur. Enfin, enfin, peut-être ne pouvait-elle douer que moi de ce regard neuf. Puis elle est partie, sans me quitter, et mon univers s'est lentement chiffonné, jusqu'à ne plus laisser paraître que les mots clés du mode d'emploi. Ici la table, ici toujours la course contre la montre vers le centre-ville, là, tout de même, la chambre à coucher qui n'était plus l'ancien royaume. Mon royaume ébaroui! Une autre est venue, balayant tout de sa neuve lumière bleue.

On aura compris que je cherche désespérément le lieu où se cache le rêve, entre les mailles, dans le tissu du réel. L'amour est-il vraiment ce lieu?

Je crois enfin avoir trouvé. Il y a quelque temps, j'ai rencontré un enfant génial. Attention, pas un enfant doué, c'est donné à tout le monde, à chaque parent du moins, de fréquenter des enfants doués, que l'on qualifie de géniaux par abus de langage et d'affection. Je parle d'un enfant véritablement génial, qui ressemble pourtant à tous les autres, extérieurement, sauf une certaine fixité dans le regard, mais qui possède quelque chose de plus: on dirait qu'il a court-circuité le temps, et que sa tête se balade dans des époques bien au-delà de son âge biologique. Il semble connaître sans avoir appris, c'est du moins l'impression qu'il donne tant la durée de l'apprentissage est courte. À dix ans, il est peintre. Il refuse de me montrer les travaux qu'il exécute pour sa maîtresse d'école, car il sait qu'il ne fait là que répondre aux exigences ou au talent de sa maîtresse, qui ne sont pas bien grands, a-t-il constaté. Je regarde ses vrais tableaux, je n'en crois pas mes yeux. Comment est-ce possible? Il fait ce que tout peintre rêverait de faire: prendre la matière colorée, l'étendre, lui donner forme, et que ça chante du premier coup. Il ne cherche visiblement pas, il trouve le lien entre la forme et les couleurs et le sujet. C'est beau comme la grâce, si la grâce existait. Sa main produit de la grâce, je veux dire cette illumination qui nous saisit quand nous regardons ses tableaux. J'ai envie de l'embrasser. Parce que lui, il est branché directement sur le monde des rêves, il n'a même pas eu le temps d'apprendre le monde réel. À cet instant, je le sens fragile et menacé comme un ange qui se serait trompé de règne. Je redis: «Comment est-ce possible?» – «Ce n'est pas toujours aussi simple, répond-il. Quand je vois que ça tourne mal, je jette.»

Parce qu'en plus du reste, il a le sens critique! Je voudrais brailler, de bonheur et de malheur. De bonheur, parce que je sens que je ne reverrai plus jamais cela de toute ma vie, de malheur parce qu'il me renvoie, sans le faire exprès, à ma condition de mortel, soit à ma condition d'effort pour introduire, par effraction, un peu de rêve dans mes réalités. Je ne souffre tout de même pas comme un veau que l'on mène à l'abattoir, puisque le sentiment d'admiration l'emporte bientôt sur ces considérations mesquines. J'ai de nouveau envie de le serrer dans mes bras.

— Pourrais-tu, comme ça, me faire un tableau... devant moi?

— Oui, dit-il en riant, mais il serait différent.

— Différent? Et pourquoi donc?

— Parce qu'avant de faire un tableau, il faut que j'y pense un peu, pour que le tableau se fasse de lui-même ensuite.

— Je comprends.

Je comprends surtout qu'il pense vite, que les choses se placent dans sa tête, entre sa tête et sa main, sans qu'il ait besoin de projection ni de calcul, puisque dix minutes plus tard il me jette sur sa toile, entendons qu'il dessine un objet qui me ressemble, de l'intérieur, et qui renvoie à notre conversation. C'est un tableau étonné, avec, dans les coins, quelque chose qui sonne comme des rires.

Cet enfant est le diable! a murmuré ma pauvre cervelle qui ne trouvait pas l'explication juste de ce phénomène. Mais il n'y a pas d'explications, sinon peut-être celle que je vais me hasarder à vous donner sur-le-champ: une œuvre d'art naît de celui qui sait voir, de celui qui sait pénétrer le brouillard dissimulant en toute chose son sens de chose. Il suffit par la suite de traiter le matériau en conséquence pour que surgisse l'éblouissement. Il savait voir, de plus il trempait son pinceau directement dans la source du rêve et de l'imaginaire.

Il m'a invité à souper. J'ai constaté qu'une fois à table il reprenait son rôle d'enfant, qu'il taquinait sa petite sœur en lui refilant les croûtes de pain qu'il ne voulait pas manger, que sa mère le grondait comme toutes les mères grondent leurs enfants quand ils sortent du rang. Il disait même des bêtises, comme tous les enfants du monde. Bref, hors de la peinture, il était ordinaire, au point que je me suis demandé si ses tableaux existaient bel et bien ou si je ne les avais pas inventés dans un accès d'exubérance. Je me suis excusé, je suis allé dans sa chambre. Le même enchantement me saisit. Je suis revenu m'asseoir avec eux pour garder le silence jusqu'à la fin du repas. Tant de beauté, tant de puissance au bout des doigts! Pourquoi ne se sauvait-il pas lui-même? Je veux dire: pourquoi n'arrivait-il pas à faire de sa propre vie, de son propre corps, ce qu'il faisait des couleurs et des formes?

Et dans un éclair de lucidité j'ai su qu'il ne possédait la grâce que pour la donner aux autres, que jamais il ne pourrait la détourner à ses propres fins. Autant dire que le canal par où passe le rêve doit être bien réel, de chair et d'os, sinon le rêve s'échapperait, plus léger que l'éther, et nous en serions quittes pour un siècle ou deux de somnolence.

Je sais que beaucoup de gens voient dans un bas de femme tout simplement un bas, dans la mer une multitude de ressources alimentaires, dans l'enfant génial un enfant. Ils n'ont pas complètement tort, puisqu'il manque à tout cela un ingrédient qui fasse durer la magie, qui la mêle inextricablement à tous nos sens, à nos êtres, à nos journées nuit après jour. Une opération alchimique qui détruise à mesure les chemins du retour, parce qu'on ne ferait plus qu'avancer.

Je connais pourtant un moyen, un seul, pour que s'effectue l'amalgame, de sorte que l'on ne puisse plus reprocher à la réalité de ne pas tenir ses promesses. Un moyen qui contient tous les moyens, qui couve le réel, l'éclôt, l'exploite, l'assume et l'englobe, qui le tire en avant, qui le tasse comme boule de neige, le fait transpirer, geindre, parler, chanter même, danser quand on ne peut plus que se rappeler ses jambes, étreindre ne serait-ce qu'en souvenir, manger fût-ce par cœur. Je connais un moyen qui vient déposer l'océan à ma porte, tous les matins, avec ses tempêtes, ses embruns, ses griffures de sel, ses varechs acidulés où il faut marcher avec mille précautions de peur que le pied ne glisse. Sur un simple appel de mes doigts, la mer surgit, et du même coup se rassemble la meute hurlante et moutonneuse de mes souvenirs, mes vies discordantes, mes vies harmonieuses, mon cœur d'enfant, mon cœur qui s'enlise et se cache.

Oui, je connais un moyen: le clavier de ma machine à écrire.

Tenez-vous bien, car en prenant place à bord vous risquez tout, puisqu'on prévoit mal l'orientation des vents et l'on a souvent une piètre idée de la destination.

Je me cale donc le plus confortablement possible dans mon fauteuil et je fais le vide pour laisser aux mots la chance de paraître. Je sens d'abord une sorte de remous qui m'entraîne à gauche, à droite... puis, imperceptiblement, une vague lente m'emporte. Je ne parle pas de l'inspiration! Mes doigts courent sur le clavier simplement parce que la barrière vient de s'ouvrir devant eux, et, comme des lévriers nerveux, ils se lancent à la poursuite d'un lièvre qui fuit de plus en plus vite.

Marche arrière! En avant, toute! Ce qu'il y a de plus amusant, avec la machine à écrire, c'est que je ne suis plus soumis aux lois de la gravité, ni à celles de l'espace-temps. Je vire sur un mot, je chavire sur un autre, mais si j'y tiens énormément j'évite le naufrage à tout coup puisqu'il me suffit d'une biffure. L'espace m'est même livré, pieds et poings liés, je le parcours dans tous les sens, ou plutôt dans la seule bonne direction, celle qui porte un sens. Je ne me permets pas de faire un saut à Paris si Paris n'est pas sur ma route, mais j'avoue qu'à certains moments la tentation est grande de mettre le cap sur des objets qui existent déjà monstrueusement, qui vous laissent croire que vous n'avez plus qu'à les cueillir. Grave erreur de navigation! Car l'objet que je poursuis n'est pas devant moi, il est au contraire en moi et il attend que je le construise dans un tissu infini de mots. Alors je m'enfonce – ce que l'on peut voyager quand on écrit! – et plus je m'enfonce, plus mon sujet prend corps, émerge, je n'aurai plus bientôt qu'à l'enfourcher pour qu'il m'emporte.

Le temps aussi a perdu le sens de sa fuite. Il ne me tient plus sur ses rails. Voilà que je peux le remonter à la vitesse de l'éclair, y faire des boucles, des arrêts, des gares. Je m'appesantis là parce que c'est là que le temps aurait dû s'appesantir pour nous laisser le temps de comprendre ce qui passait. Je ne suis qu'un correcteur qui redresse la marche du temps, en enlevant une ou deux coquilles. Et si, après avoir trop remonté le temps, je change brutalement de direction et me mets à sauter ici, ou là, comme une chèvre de montagne, c'est parce que le temps lui aussi aurait dû sauter pour suivre le sens et non plus seulement son étroit sentier de bête bornée.

Avec une machine à écrire, on se promène ici ou là, on s'attarde, on contemple, on échange avec les choses que l'on vient de faire naître, on va à notre guise, et pourtant on ne tire jamais à pile ou face! C'est toujours pour retresser l'écheveau du temps, celui de l'espace, celui du cœur, mais cette fois-ci de la bonne façon : la façon d'entrecroiser les fils finit par dégager une forme qui fait irruption et parle pour la première fois.

Et il y a mieux encore. Téméraire, la machine à écrire ne s'arrête plus. Elle traverse la réalité, la dépasse d'une bonne longueur, se retourne pour voir l'autre venir et lui dit: «Ah! c'est là que je t'attendais. Tu n'es qu'une idiote, une sans-envergure, une sans-génie! Une sans-bon-sens. C'est que, vois-tu, toute réalité que tu sois, tu te contentes d'être, tandis que moi je sais lire, je sais voir ce que tu ignores, je sais interpréter ton épaisseur. Parfaitement, ton épaisseur d'être.»

La machine à écrire a raison. De tous ses petits marteaux, elle enfonce de force, dans les interstices de la réalité, la part de rêve qui lui permet de respirer, la part de rêve qui la sauve, la sans-génie. Elle récupère ce que l'autre laissait tomber, faute de savoir lire: un enfant génial dans la seule vérité de ses tableaux, une femme à l'amour magique, le vieil océan aveugle mais tourmenté de mes tourments. Elle colmate ici, elle place une fenêtre là pour le plaisir simple de pratiquer des ouvertures, elle fait si bien que la réalité finit par avoir de l'allure, en dépit de tout. Et la machine à écrire revient à la charge, fière de pouvoir transformer ce qui existe en quelque chose de mieux, soit en pures possibilités d'être. Elle insiste: «Le poisson raconté est *aussi* le poisson pêché la veille, mais il a sur ce dernier un immense avantage: le poisson raconté, tantôt vigoureux, tantôt folâtre, paresseux ou armé de dents trop pointues, ce poisson-là convient beaucoup mieux à tous les humains, parce qu'il s'ajuste exactement à leurs désirs.»

Boucherville,
automne 1989

Bibliographie sélective

ANZIEU, Didier, *Le Corps de l'œuvre*, Paris, Éditions Gallimard, coll. «Connaissance de l'inconscient», 1981, 377 p.

BAKHTINE, Mikhaïl, *Esthétique et théorie du roman*, Paris, Éditions Gallimard, 1978, 488 p.

BAKHTINE, Mikhaïl, *Esthétique de la création verbale*, Paris, Éditions Gallimard, 1984, 400 p.

BARTHES, Roland, *S/Z* , essais, Paris, Éditions du Seuil, coll. «Tel Quel», 1970, 270 p.

BELLEAU, André, *Le Romancier fictif*, Montréal, Presses de l'Université du Québec, 1980, 155 p.

BLANCHOT, Maurice, *L'Espace littéraire*, Paris, Éditions Gallimard, 1955, 294 p.

BOURNEUF, Roland et OUELLET, Réal, *L'Univers du roman*, Paris, P.U.F., coll. «Littératures modernes», 1975, 248 p.

BURGOS, Jean, *Pour une poétique de l'imaginaire*, Paris, Éditions du Seuil, 1982, 410 p.

COLLECTIF, *Le Manuscrit sous l'angle génétique*, Actes d'un colloque organisé par André Carpentier et René Lapierre, Rimouski, Éditions Urgences, 1989, 117 p.

DEBRAY-GENETTE, Raymonde, *Métamorphoses du récit, autour de Flaubert*, Paris, Éditions du Seuil, coll. «Poétique», 1988, 311 p.

EDWARDS, Betty, *Dessiner grâce au cerveau droit*, Bruxelles, Pierre Mardaga éditeur, 1979, sans pagination.

GARDNER, John, *The Art of Fiction, Notes on Craft for Young Writers*, New York, Éditions Alfred A. Knopf, 1984.

JAMES, Henry, *La Création littéraire* (recueil de préfaces), Paris, Éditions Denoël-Gonthier, coll. «Médiations», 1980, 372 p.

JAOUI, Hubert, *Manuel de créativité pratique*, Paris, Éditions Épi, 1979.

JOLLES, André, *Formes simples*, Paris, Éditions du Seuil, 1972, 213 p.

KUNDERA, Milan, *L'Art du roman*, Paris, Éditions Gallimard, 1986, 200 p.

NICOLAÏDIS, Nicos et SCHMID-KITSIKIS, Elsa, *Créativité et/ou symptôme*, Paris, Éditions Clancier-Guénaud, coll. «Psychopée», 1982, 231 p.

PAQUIN, M. et RENY R., *La Lecture du roman, une initiation*, Mont-Saint-Hilaire, Les Éditions La Lignée Inc., 1984, 258 p.

PAVEL, Thomas, *Univers de la fiction*, Paris, Éditions du Seuil, coll. «Poétique», 1988, 211 p.

RILKE, Rainer-Maria, *Lettres à un jeune poète*, Paris, Éditions Grasset, coll. «Les Cahiers Rouges», 1937, 150 p.

RODARI, Gianni, *Grammaire de l'imagination*, Paris, Éditions Messidor, 1979, 251 p.

SARTRE, Jean-Paul, *Qu'est-ce que la littérature?*, Paris, Éditions Gallimard, coll. «Idées», 1948, 374 p.

SIMARD, Jean-Paul, *Guide du savoir-écrire*, Montréal, Les Éditions de l'Homme, 1984, 528 p.

TOUGAS, Gérard, *Destin littéraire du Québec*, Montréal, Éditions Québec/Amérique, 1982, 208 p.

VALÉRY, Paul, *Œuvres*, t. I et t. II, Paris, Éditions Gallimard, coll. «Bibliothèque de la Pléiade», 1957 et 1960.

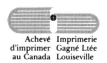

Achevé   Imprimerie
d'imprimer Gagné Ltée
au Canada Louiseville